ERWIN FELSMANN

Vom Jagen bei uns daheim

ERZÄHLUNGEN

Die Deutsche Bibliothek – CIP-Einheitsaufnahme

Felsmann, Erwin:
Vom Jagen bei uns daheim:
Erzählungen/von Erwin Felsmann. –
München; Wien; Zürich: BLV, 1993
  ISBN 3-405-14507-4

Illustrationen von Dr. Jörg Mangold

**BLV Verlagsgesellschaft mbH
München Wien Zürich**
80797 München

Das Werk einschließlich aller seiner Teile
ist urheberrechtlich geschützt. Jede
Verwertung außerhalb der engen Grenzen
des Urheberrechtsgesetzes ist ohne
Zustimmung des Verlags unzulässig
und strafbar. Das gilt insbesondere für
Vervielfältigungen, Übersetzungen,
Mikroverfilmungen und die Einspeicherung
und Verarbeitung in elektronischen
Systemen.

© 1993 BLV Verlagsgesellschaft mbH, München

Umschlagentwurf: Studio Schübel, München
Umschlagfoto: Dr. Franz Hirsch

Lektorat: Gerhard Seilmeier
Herstellung: Hermann Maxant

Satz: Fotosatz Barthel Wirth, Ober-Ramstadt
Druck und Bindung: Milanostampa, Farigliano

Printed in Italy · ISBN 3-405-14507-4

Inhalt

Vorwort 7
Der alte Lehrprinz 9
Mittagsbock und Abendbock 21
Max und Moritz 31
Unser Ehrengast aus den Bergen 47
Die Rache am Berg 61
Damals hatten wir einen... 77
Reineke und der Misthaufen 85
Roter Schweiß und gelber Neid 95
Bruder Baum... Bruder Tier? 109
An der Borstenfront 117
Vom Teufel und der warmen Jacke 127
Reihzeit – Eine jagdliche Humoreske 133
Ein Stoßzahn per Post 141
Die Hütte im Wald 151

Vorwort

Wesen und Werk eines Schriftstellers zu beschreiben ist für dessen Verleger schwierig: Man hütet sich vor allzu übertriebenen Lobgesängen, um nicht billiger Werbung beschuldigt zu werden, und ist dennoch bemüht, den Autor ins richtige Licht zu setzen, auch bei den Lesern, die keine Gebrauchsanweisung zur Felsmann-Lektüre mehr benötigen, weil er ihnen durch viele, viele Veröffentlichungen – überwiegend in der deutschsprachigen Jagdpresse – längst bekannt ist.
Auch die überaus ehrenhafte Bemerkung eines bekannten Literaturkritikers und Chefredakteurs einer Kulturzeitschrift, Felsmanns »Stil in der Tradition Turgenjews« zeige uns, was diese Art (Jagd-)Prosa vermag, erwähnen wir zwar gern, finden sie aber gegenüber dem neuen Leser, der Felsmann noch nicht kennt, wenig beschreibend. Lassen wir den Autor besser selbst kurz zu Wort kommen. In seinem Buch »Jägergrüne Dorfgeschichten« (1986) schrieb er vom Jagen im Ausland und merkte dazu an, »daß The Big Five – Elefant und Nashorn, Büffel, Löwe, Leopard – und die meisten außereuropäischen Wildarten unserem Wesen fremd sind. *Das ist nicht unsere Jagd, und es ist auch nicht unser Land und nicht unser Wild.* Es ist, bei aller Duldsamkeit, nicht das uns angeborene Jagen. Es ist eine andere Welt. *Unsere heimische Jagd geht in der Stille vor sich,* und nirgends ist die Stille größer als draußen im Dorf, sobald abends alle Arbeit getan ist und die Hände ein wenig ruhen dürfen...«
Womit schon sehr viel über den Autor und seine Arbeit ausgesagt ist. Er schreibt mit manchmal hintergründigem, meist aber liebenswürdigem Humor und viel Verständnis für die menschlichen Schwächen von der bescheidenen alltäglichen Jagd draußen in unseren Dörfern, »ohne Pathos und Trophäenkult, ohne viel Büchsenknall und Schweiß und romantisierende Totenwacht beim erlegten Stück«, und es sind ganz einfache Begebenheiten, »die wir alle schon erlebt haben könnten«, doch bei genauerem Hinlesen kommt auch der Hintersinn hervor:

wie sehr die Jagd sich gewandelt hat seit der Steinzeit bis in die Stahlbetonzeit herein, der Mensch aber – mit immer besseren Waffen und Optiken ausgerüstet und nicht mehr aus Hunger jagend – Mensch geblieben ist, mit allen seinen Vorzügen und Fehlern.

Waren die Erzählungen in »Jägergrüne Dorfgeschichten« und im daran anschließenden Werk »Ein Bocksommer« (1990) noch durch eine sehr lockere Rahmenhandlung zusammengehalten, so steht in diesem neuen Buch eine jede für sich und spricht für sich selbst. Es eint sie nur der Ort des Geschehens, das heimatliche Jagdrevier, und gelegentlich die eine oder andere Person, die wiederholt in der Handlung vorkommt. Wir waren bemüht, die besten Erzählungen auszuwählen, heitere ebenso wie ernsthafte, die zum Nachdenken anregen sollten. Zum Teil wurden sie – aus Platzgründen damals redaktionell bedauerlich gekürzt, nun aber wieder gebührend restauriert – vor vielen Jahren schon in Jagdzeitschriften gedruckt, zum anderen Teil aber stammen sie aus dem bisher unveröffentlichten Fundus des Verfassers.

Der Verlag

Der alte Lehrprinz

Lehrprinz: Traditionelle Bezeichnung für einen jagdlichen Lehrmeister, Ausbilder von Jungjägern. Ursprünglich der hochrangige Jagdbeamte, dem die jagdliche Ausbildung von jungen Aristokraten (Prinzen) anvertraut war.
So steht es in einem bekannten Jagdlexikon zu lesen für jedermann, dem der Ausdruck »Prinz« in diesem jagdlichen Zusammenhang nicht geläufig sein sollte, denn der Begriff wird nicht überall gleich gehandhabt, oft durch Lehrmeister ersetzt. Denn zumindest seinen Meister hat und findet doch ein jeder. Bedauernswert sind alle die, die nie ihren Meister fanden bei der Jagd. Denn sie wohnen göttergleich droben im Himmel, und das Stürzen von so hoch herunter schmerzt.
Ich hatte, und das mag wohl nur am örtlich bedingten Sprachgebrauch liegen, statt des Meisters einen Prinzen. Wohl mir. Damals gab es sie noch, die echten Lehrprinzen von rotem und blauem Geblüt. Ich habe auch blaublütige Lehrprinzen erlebt, die ohne Ansehen von Name und Stand ihre eigenen Söhne oder Enkel nach verübter jagdlicher Untat vor versammelter Jägerschar ordentlich herunterputzten und nach Hause schickten – und vielleicht gar am liebsten ein wenig geohrfeigt hätten, wenn sie etwas sehr, sehr Dummes angestellt hatten. Das hat mir damals sehr imponiert und könnte mir heute noch imponieren, wenn es heute noch so etwas gäbe. Doch zu vieles hat sich unterdessen gewandelt. Mit dem Nachhauseschicken geht man nicht mehr so leichtfertig um. Die Schar derer, die draußen vor der Tür warten, ist schon zu groß geworden. Und im Zeitalter des sogenannten Wohlstands sind der Nachhauseschicker und der Nachhausegeschickte schon zu sehr voneinander abhängig. Verärgerte versenden weder Jagdeinladungen noch – auf der anderen Seite – den nächsten Großauftrag.
Meinem Prinzen fehlten die Zacken in der Krone, er hatte nur den Heiligenschein, den ich ihm in meiner jugendlichen Schwärmerei andich-

tete, und von blauem Geblüt konnte keine Rede sein. Aber was ich heute, über die Bücherweisheit hinaus, von unserem heimischen Wild weiß – das, was man nicht mehr aus Büchern dazulernen kann –, das weiß ich von ihm. Verhaltensforschung und Wildbiologie, um nur zwei Sektoren des reichen Spektrums zu nennen, haben in den letzten Jahrzehnten nutzbare Tonnen von neuen Erkenntnissen zugelegt und auf den Markt geworfen – er wußte damals noch nichts davon, wandte es aber an, in kleinen Portionen ebenso nutzbar, in Gramm, die ihm sein Hausverstand diktierte. Ich weiß, daß man mit dem Wort Hausverstand heute allzu leicht die Wissenschaft verärgert. Das will ich nicht. Ich anerkenne ihre Leistungen, die für unser heutiges Jagen prägend sind. Nur: Je nach Auslegung und gesetzlichem Niederschlag kann ihre Wirkung positiv wie negativ prägend sein. Das Gesetz besteht ja bereits überwiegend aus Politik und nicht mehr aus purer Wissenschaft. Doch das alles steht schon auf einem andern Blatt. Ich führe aber als Beispiel für den Begriff »Hausverstand« an, daß mein alter Lehrprinz zu einer Zeit, als es bei uns in manchen Gegenden noch fast als Schande galt, eine Rehgeiß zu erlegen (»denn die bringt doch einen Bock im nächsten Jahr«), schon für ein vernünftiges, das heißt also natürliches, von der Natur vorgegebenes Geschlechterverhältnis eintrat.

Denn als Bauer mußte er es ja wissen. Er brauchte ja nur in den Stall zu gehen und nachzusehen, in welchem Verhältnis die Natur die Geschlechter nachwachsen läßt, ganz egal, was der Mensch dann mit dem Nachgewachsenen treibt, aus ökonomischen Gründen: einen Hahn meinetwegen für fünfzehn Hennen, einen Stier für ein ganzes Dorf – und so weiter. Aber draußen in der Natur mußte man dem Wild das naturgeborene Verhältnis lassen, durfte nicht nur die Trophäenträger schießen. Er predigte viel und wurde oft ausgelacht.

Er saß in seinem großen Vierkanthof und auf immerhin fast zweihundert Hektar Grund wie ein kinderloser, verzweifelter König seines kleinen Reiches, und er hatte, wie man bei uns sagt, »einen Narren an mir gefressen«, ein merkwürdiges Wort, denn mit Närrischsein hat das doch nichts zu tun. Ein reicher Mann also, so besehen, auch wenn das Bargeld nicht in geheimnisvollen alten Truhen und auch auf der Bank nicht in allzu dicken Bündeln lag. Damals war es noch üblich, daß der Schmied seine Jahresrechnungen erst gegen Weihnachten versandte, weil der Bauer seinen Ernteertrag vorher noch nicht umgemünzt hatte. Altmodisch war und blieb er auch in jagdlichen Belangen. Er kannte nur die kleine »Vierlingspatrone« (5,6 × 35 R, ein langsames Kügelchen

mit der Rasanz eines Feuerlöschstrahls im absteigenden letzten Drittel, heute kaum mehr dem Namen nach bekannt, geschweige denn in der Praxis geführt), und »für alles andere« – was soviel wie Rotwild, Reh und Wildsau bedeutete – hatte er einen Repetierer 8 × 57. Alle diese neumodischen Siebenmillimeter-Kaliber sah er mit scheelen Blicken an. Zielfernrohre waren entweder Mordinstrumente, die dem Wild keine Chance ließen – »Bald werden wir überhaupt kein Wild mehr haben!« – oder technische Spielereien ohne Zukunft. Weil es sein Vater ja auch noch nicht gehabt hatte.
»Wie viele Stück Wild hast du schon weich geschossen«, wagte ich zu fragen, »so über Kimme und Korn? Ist es denn da nicht viel vernünftiger –«
»Nicht gar so viele, wie du vielleicht denkst!« schnitt er mir wütend das Wort ab. »Und überhaupt: Wenn einer nicht schießen gelernt hat, soll er die Hand nicht heben gegen ein warmblütiges Geschöpf Gottes, das ähnliche Nervenbahnen und Schmerzempfindungen hat wie wir.« Ich bin sicher, er drückte es nicht annähernd so aus, eher urwüchsiger, rustikaler, aber er meinte es haargenau so, und ich habe es mir gemerkt bis auf den heutigen Tag. Ich bin trotz aller Jagdleidenschaft, die mich in manchen Jahren und Jahrzehnten gewaltig im Griff hatte, oft mehr, als mir und meiner Ehe guttat, ich bin trotz all dieser Jagdleidenschaft nie von der Realität und Brutalität der Vorstellung losgekommen, was ein paar Gramm ummanteltes Blei dort draußen, nur dreißig oder dreihundert Schritt von der Kanzel oder dem Hochsitz entfernt, anzurichten vermögen.
Er hatte, das weiß ich heute, nur zu recht. Wenn das Herz und die Hand nicht ruhig sind, muß man wohl wenigstens die Kraft haben, ganz einfach abzusetzen. Das Leiden zu provozieren ist die achte Todsünde der Jagd.
Seine Schrotpatronen lud er noch selbst. Ich sehe ihn noch vor mir, wie er in der bulligwarmen Jagdhütte im grellen Schein der Karbidlampe (!) mit dem Pulvermaß hantierte, den Finger in den Mund steckte, den Schrotdeckel befeuchtete und ebenso umständlich wie sorgfältig mit dem damals noch gebräuchlichen »Tintenstift« – einem nicht radierbaren Bleistift – die Schrotnummer draufschrieb. Ich sehe ihn noch behäbig am grobgezimmerten Tisch sitzen, Hemdsärmel hochgekrempelt, die muskulösen, dichtbehaarten Unterarme vor sich hingebreitet, arglos, harmlos, fast immer gut gelaunt, weiß Gott kein Sklave seines eigenen Intelligenzquotienten, aber durch und durch ein gütiger Mensch. Ich höre noch sein tiefes, rollendes Lachen, und manchmal,

wenn mein Blick auf den alten Hirschfänger an der Wand fällt, der mir als Andenken aus seinem Nachlaß zugekommen ist, meine ich noch den billigen Knaster zu riechen, der in seiner pechschwarzen Pfeife schmurgelte und kochte und an dem er ja dann auch – allerdings spät und zäh, als ihm das Leben ohnedies kaum mehr etwas bedeutete – gestorben sein dürfte. Genau weiß man das nicht, weil damals gerade die Zeit war, in der sich die Ärzte hüteten, das Wort »Karzinom« oder ähnliches als Todesursache auf den dummen Zettel hinzuschreiben, um die allgemein herrschende Krebspanik nicht noch mehr zu vergrößern. Über diese Ängste sind wir unterdessen fast hinaus, wir haben uns neue und ärgere eingehandelt.
Ich habe ihn geachtet und verehrt. Geachtet und respektiert schon allein deshalb, weil man uns junge Springer in jener Zeit noch gelehrt hatte, das Alter – wenigstens in den Umgangsformen, wenn schon nicht aus Überzeugung – zu achten und über alle mit dem Alter unausbleiblich einherschreitenden Fehler und Mängel nicht vorlaut zu richten. Und er war ja dreißig – denk doch einer! – Jahre älter als ich, ein Fünfziger, ein Greis aus meiner damaligen Sicht!
Heute, da ich nun selbst dem einen oder anderen jungen Grünrock ein wenig Erfahrung mit auf den Weg gebe, weiß ich es: Die Welt hat sich gedreht, das Alte stimmt nicht mehr so ganz, Neues ist da, und das ist jedenfalls eine Tatsache. Ob es eine gute oder weniger gute Tatsache ist, ob ein Erziehungsproblem oder ein Problem unserer Zeit, die nur mehr nach vorne sieht und niemals zurück, das gehört nicht hierher, darüber sollen sich die Psychologen und Pädagogen streiten, und sie tun es ja auch heftig. Wir Alten von heute sollten, Sentiment hin und Ressentiment her, ganz einfach ohne Groll die Tatsache zur Kenntnis nehmen, daß Achtung und Respekt kein *Vorrecht* des Alters mehr sind, sondern immer wieder neu erworben werden müssen. Nicht mit wehleidigen Sprüchen über die gute, alte Zeit, die so gut gar nicht war, sondern durch Leistung und auch ein bißchen Vorbildwirkung. Und das ist im Grunde gar nichts Neues. Nicht beim echten, bodenständigen Jagen.
Ich habe mir meinen Lehrprinzen auf ein Podest gestellt und ihn – falsch, ganz falsch! – zu einem Halbgott befördert. Wie hätte ich auch anders gekonnt! Irgendwie hat man's im Blut: ererbt oder auch nur durch die Umgebung angelernt, wer weiß das schon ganz genau. Aber eines weiß ich, daß ich schon als siebenjähriger Knirps keinen Schlaf fand in der Nacht, wenn ich wußte, daß ich am nächsten Abend mit dem alten Revierjäger des Gutshofes auf Kaninchen gehen durfte.

In der Landschaft meiner Kindheit – viel Wald, aber auch Acker- und Weinbau auf lockeren, warmen Böden – waren die Wildkaninchen eine wahre Plage. Doch sie wurden zum Zubrot für den alten Mann. Er durfte sie im Dorf verkaufen. Den Erlös, jedenfalls nach heutigem Maß lächerlich, durfte er behalten, doch es ist anzunehmen, daß er die Kosten der Patrone überstieg, sonst wäre die Kaninchenjagd für ihn unwirtschaftlich gewesen. Aus Jagdleidenschaft tat er es ganz gewiß nicht. Und ich bin auch sicher, daß er mich nicht aus purer Nächstenliebe zum Abendansitz mitnahm. Wer nimmt schon gern ein unruhiges, zappeliges fremdes Kind mit zum Ansitz, oder? Doch der brave Mann tat es. Heute weiß ich, daß mein Onkel ihn bestochen hat, mit ein paar Viertelchen Rotwein vermutlich, im voraus bezahlt und den Gutschein hinterlegt im Dorfgasthaus, eine Art Kontoeröffnung, von der man abheben, sprich heruntertrinken konnte, bis der Saldo ausgeglichen war – oder wieder neu aufgestockt wurde.
Auf diese korrupte Art, nicht etwa durch freundschaftliche Einladung, wie sie unter Jägern ja weit beliebter ist, kam ich als Knirps zur ersten Erfüllung meiner sehnlichsten jagdlichen Wünsche. Da saß ich dann im Abenddämmern weit hinter dem Dorf neben dem alten Mann auf einem kleinen Klappstühlchen mitten in einem schrecklich stachligen Akaziengestrüpp, und wir sahen hinaus in den wildverwachsenen Graben mit den vielen Kaninchenröhren im lehmigen Boden. Der alte Mann verkniff sich seine Pfeife und ich mir mein unruhiges Gezappel, und wenn er dann, bei gutem Wind, tatsächlich ein oder mit einer raffinierten Doublette zwei Sandhäschen erlegte, wenn der weißgraue Pulverdampf sich verzog und das schnauzbärtige faltige Jägergesicht, wie man es heute nur mehr von alten Bildern kennt, listig zwinkernd wieder sichtbar wurde, war ich überglücklich. Der alte Jäger und das Kind stapften heim in der tiefsten Dämmerung, die ersten Sterne zogen auf, das Kind hatte ein oder zwei Kaninchen in seinem kleinen Rucksack und konnte in der darauffolgenden Nacht wieder nicht schlafen vor Erregung über das soeben Erlebte.
Und da war nun, fünfzehn Jahre später, einer, der mich nicht nur auf ein Kaninchen mitnahm, sondern mir das Jagen beibrachte, die Grundbegriffe einbleute und mich zur Jägerprüfung hetzte. Die Zeiten waren nicht die besten, und wenn heute bei ähnlichen Anlässen die Sektkorken knallen, so gab es damals, als ich ihm meinen ersten Jagdschein vorwies, für uns, die wir nicht zu den Schleichhändlern gehörten, nur »schwarzen« (illegal gebrannten) Kartoffelschnaps, denn die Zwetschgenbäume hatten im Jahr davor so gut wie nichts getragen,

weil später Frost in die Blüten gefallen war, wie es bei uns immer wieder vorkommen kann.
Meines Lehrprinzen Frau – Gott hab auch sie recht selig! – hieß zwar schlicht Annemarie, doch er nannte sie nie so, er hatte für sie, weil er sie liebte, in jungen wie in späten Jahren, in guten wie in schlechten Zeiten, einen Kosenamen, einen jagdlichen natürlich. Er nannte sie Diana, und sie hörte darauf wie ein gut erzogener Hund, hatte nur etwas dagegen, wenn er sie ergänzend »Hausdiana« nannte, denn in ihren Ohren klang das dann, wie sie eingestand, nicht etwa respektvoll wie »Hausfrau«, was ihr wohl angestanden hätte, sondern sie hörte ganz unbewußt den »Hausdrachen« heraus – kann sein, daß er sie zärtlich hin und wieder auch so nannte, aber das war sie nicht, und er wußte es ganz genau, daß sie es nicht war. Es war liebevolles Geplänkel, und trotzdem war sie dagegen, »Hausdiana« genannt zu werden. Sie mochte es nicht.
Ganz offensichtlich mochte sie es auch nicht, daß wir unsere Rucksäcke mit Speis und Trank vollstopften und nach freundlichem Gruß in den tiefen Schnee hinausmarschierten, um droben in der Jagdhütte den frisch gebackenen Jägersmann zu feiern.
»Na ja«, sagte der Lehrprinz, als wir den Waldrand und den schmalen Steig erreicht hatten, dessen Biegung das Haus unseren Blicken entzog, »du weißt ja, wie sie ist. Eine seelensgute Frau. Nur hin und wieder muß sie brummen. Sie kann's nicht lassen. Meinetwegen... Wenn's ihr guttut?«
Die seelensgute Frau wurde nach zwei Tagen von argen Ängsten befallen. Sie stieg uns nach, bepackt mit einem großen Henkelkorb voll Proviant, darunter allerhand lebenerweckende Atzung wie eingelegte Heringe und Bier für unseren Dreitagebrand – sie wußte, was sie vorfinden würde. Was die Erfahrung so alles ausmacht!
»O ihr heiligsten Engel alle«, schilderte sie noch nach Jahren ihre Eindrücke, als sie die Hüttentür aufriß: »Der Hauch da drinnen – als hätten dort zwei Lindwürmer gehaust anstatt zweier Christenmenschen! Und Augen im Kopf, alle zwei, wie wollene Kanonenkugeln...«
Es war wirklich ein häßlicher Kartoffelschnaps gewesen, aber wir verwahrten uns natürlich gegen solche Anwürfe, denn wir hatten zwischendurch auch unsere lichten Momente gehabt und die absonderlichsten Gespräche geführt:
»Paul, warum sagen wir Sauen in der Mehrzahl und nicht Säue, wie es doch im Wörterbuch steht?«

Darauf er, mit einem hintergründigen Wortspiel, auf das er nüchtern nie gekommen wäre, weil jede Hintergründigkeit seinem geradeaus steuernden Wesen fremd war: »Weil die Sauen noch lange keine Säue sind so wie manche Menschen. Man muß einen Unterschied machen.«
»Paul, warum sagen wir Lehrprinz anstatt Lehrmeister, warum hat der Fuchs keinen Schwanz, sondern eine Lunte oder Standarte? Warum muß er einen Balg haben, wenn doch das Reh eine Decke hat und der Dachs eine Schwarte? Warum muß der Fasan aufstehen anstatt auffliegen, der Rehbock aber hochwerden statt aufzustehen? Paul, was in aller Welt hindert uns, unseren Schnabel so zu gebrauchen, wie er uns gewachsen ist? Und das Merkwürdige daran ist, daß wir das alles mit Bedacht und ohne Zwang, ja sogar mit einer gewissen liebevollen Begeisterung so und nicht anders reden und abends beim Schüsseltrieb jeden zu einem Strafliter verurteilen, der sich untertags einmal harmlos verplappert hat...«
Da konnte man ihn allerdings ums Wort verlegen machen, und er murmelte etwas von Fachausdrücken, die es doch in allen Zünften gibt, warum, zum Kuckuck, nicht auch in unserer grünen Zunft?
Und dann stellte ich ihm natürlich auch die weiseste, die Kardinalfrage, die keiner so recht beantworten kann und über die schon dicke Bücher geschrieben wurden: »Warum, Paul, müssen wir Jäger alles anders haben als die anderen, können wir uns nicht auf den Durchschnitt einstellen, warum müssen wir sogar anders *sein* als die anderen? Andere Kleidung, anderer Gruß, andere Sitten...?«
Die Frage war damals, als die Antijagd noch nicht zur öffentlichen Hinrichtung geworden war, noch gar nicht so ketzerisch gewesen. Man konnte sie stellen, ohne sich selbst damit höchst dummerweise jagdfeindlichen Medien ans Messer zu liefern. Und weil er die Antwort wohl ahnte, nicht aber in Worte zu kleiden vermochte, wurde er auf seine gutmütige Art tückisch:
»Warte nur, du grünes Bürschchen, naß noch hinter den Ohren und dumme Fragen stellen. Warte nur, bis du deinen ersten Fuchs geschossen hast in meinem Revier. Vorher krümmst du mir nicht den Finger auf eines meiner Rehe...«
Denn so streng waren damals die Bräuche in manchen patriarchalisch geführten Revieren. Über den Wert oder Unwert solchen Brauchs kann man freilich geteilter Meinung sein. Dafür spricht, daß es noch nie geschadet hat, klein zu beginnen, um sich möglichst lange an Größerem erfreuen zu können. Der nach bestandenem Abitur oder sonstigem Familienereignis vom Herrn Papa freigegebene Hirsch legt die

Latte jagdlichen Verlangens schon so hoch, daß der Jüngling dann mit fünfundzwanzig vielleicht schon leergebrannt und ausgeschossen sein wird. Er wird, wenn das Geld reicht, einen Büffel wollen oder einen Bären, anstatt zu Hause beim vorgeschriebenen Geißenabschuß oder beim Sauansitz das zu finden, was ihn zu den Jägern trieb.
Laßt sie klein anfangen, die jungen Jäger, ihr tut ihnen nur Gutes damit, *aber übersehet sie nicht, laßt sie nicht draußen stehen,* denn sie sind unsere Zukunft.
Und so erfror ich mir also in diesem grimmigen Winter zum zweiten Mal die Nasenspitze, diesmal nicht in den Eiswüsten der Ebenen des Ostens, bis ich endlich im späten Januar einen Fuchs erlegte, noch dazu auf recht simple Weise: einen noch unerfahrenen streunenden Jungfuchs, erst im Vorjahr gewölft, den die zornigen älteren Herren in der Ranz als unerwünschten Nichtsnutz offenbar aus dem Bau geworfen hatten.
Im darauffolgenden Herbst durfte ich dann meine erste Geiß schießen. Warum man damals ausgerechnet mit einer Geiß beginnen mußte: ich weiß es nicht. War sie – um, wie gesagt, klein anzufangen – etwa weniger wert als ein noch so schlechter Bock? Es entsprach ganz einfach der damaligen Mentalität der Verteilung von jagdlicher Gunst, obwohl natürlich auch schon unsere Vorderen wußten, daß zum Geißenabschuß mehr Kunst (und Erfahrung) als Gunst gehört. Aber es war nun einmal so, und ich war den Ereignissen ausgesetzt, mehr oder minder ahnungs- und hilflos, denn Paul weigerte sich, mich zu begleiten.
Ganz gewiß war dies Taktik, eine Methode zur Stärkung meines Selbstvertrauens, aber daß er das Unheil damit sozusagen heraufbeschwor, das hatte er sicher nicht im Sinn. Als hätte es nicht anders sein dürfen, war meine erste Geiß, als sie so vor mir im gilbenden Herbstgras lag, ein alter Bock, der frühzeitig abgeworfen hatte. Trotz vermeintlich genauen Ansprechens, trotz des von mir so verteidigten Zielfernrohrs weich geschossen. Daß er klapperdürr war, daß er kaum noch Zähne im Kiefer hatte und gewiß nicht durch den Winter gekommen wäre, war überhaupt kein Trost.
In meinem ganzen weiteren Leben ist mir die Verwechslung von Geiß und Bock nur mehr ein einziges Mal passiert: In der Rehbrunft, als der treibende Bock und die getriebene Geiß auf der Hochzeitsfahrt durch ein winziges Gehölzchen ausgerechnet dort drinnen die Reihenfolge wechselten. Auf der anderen Seite kamen entgegen aller Regel voran der Bock und hintendran die Geiß heraus, und schon war es geschehen

gewesen. Eine Geiß in der Schonzeit – Zerknirschung und Reuebekenntnisse machen nichts wieder gut, sind aber, neben dem ruhigen Gewissen, gute Ruhekissen für die jagdliche Zukunft.
Mein Geißbock lag zu meinen Füßen, nichts vermochte ihm mehr Leben einzuhauchen, er war unwiderruflich totgeschossen von einem Anfänger, den man alleingelassen hatte. Ich trug ihn heim, und er wurde von Schritt zu Schritt schwerer. Da lag er nun in der trüb erleuchteten Hofeinfahrt, und ich klopfte Paul heraus. So laut wie meine Faust am Tor klopfte auch mein Herz.
»Waidmannsheil darfst du nicht sagen«, murmelte ich verstört. Paul stand da, starrte abwechselnd auf das Ungemach und dann wieder auf mich, ging einmal unruhig um den Bock herum, wie einer um einen Gebrauchtwagen herumgeht, den zu kaufen er noch nicht ganz entschlossen ist. Schließlich fluchte er leise vor sich hin, machte kehrt und stapfte wieder ins Haus und in die Stube zurück. Die Tür machte »Bumm!«, und von der Mauer rieselte der brüchige alte Mörtel.
Ich schaltete die Hofbeleuchtung ein und trug den Bock nach hinten, wo an der Stallwand derbe Fleischerhaken in die Mauer eingelassen waren. Ich brach ihn auf, so gut ich es verstand. Da hing er nun, ergeben geneigten Hauptes, und schweißte sich aus; an den Haken, an denen sich schon so manches Stück Wild ausgeschweißt hatte und an denen auch die braven Hausschweine hingen, wenn sie ihr Leben ausgequiekt hatten.
Ich konnte mich nicht freuen über meine erste Geiß.
Neben den Haken stand eine umgekehrte Schubkarre. Ich setzte mich darauf und rauchte eine Zigarette, wartete, wußte nicht, was ich tun sollte. Da ging die Tür zur Diele wieder auf, Paul schlurfte auf seinen Holzpantoffeln zu mir her, die Hände ganz gelassen in den Hosentaschen, und ebenso gelassen sagte er zu mir, ganz ohne Vorwurf in der Stimme: »So, und diesen Tag merkst du dir bis zu deinem letzten Schnaufer!« Und ich habe ihn mir gemerkt.
Unmerklich, aber viel zu rasch glitten die Jahre dahin, ich war längst kein Jungjäger mehr, und Paul wurde langsam steingrau. Ich kam in viele Reviere, lernte so manche Wildart kennen, die mein Lehrprinz nie in Anblick bekommen hatte. Ich habe nie im Ausland gejagt, doch stets mit wachem Interesse verfolgt, was dort jagdlich vor sich geht, und je mehr die Schußhitze nachließ – die ich jedem jungen Jäger zubillige, wenn er nur seinen Charakter dabei behält oder doch wenigsten im Zaume behält –, desto mehr begann ich mich auch für Theorien zu interessieren, nicht für die grauen, sondern für jene, die jagd-

lich nutzbar sind und uns weiterhelfen aus dem Gestrüpp der verschiedensten Meinungen, wie man wohl aus der heute noch viel mehr als damals umstrittenen Einheit Wald-Wild eine unumstrittene Dreiheit von Wald und Wild und Jägermensch machen kann.

Ich führte nun selbst so manchen Gast auf Hirsch oder Bock, und ich habe auch so manchem jungen Jäger den Schuß auf seine erste Geiß oder seinen ersten Jährlingsbock – klein anfangen! – gegönnt. Aber wenn ich nicht selbst mit dabei sein konnte und es fiel der Schuß draußen irgendwo im Revier, klang es mir immer wieder in den Ohren: »So, und diesen Tag merkst du dir...« Und ich sah Paul vor mir, im Hof, mit seinen Holzpantinen auf den Steinplatten. Auch heute noch ergeht es mir nicht anders, obwohl doch er und seine Hausdiana längst nicht mehr sind.

Es ergab sich dann, daß ich ihn lange Zeit nicht sah, Jahre waren es, doch nach meiner Rückkehr führte mich einer meiner ersten Wege zu ihm. Das Haus stand noch da, als sei das alles gestern gewesen, doch Paul war schlohweiß und stark gealtert, schon vom baldigen Ende gezeichnet, und aus der munteren, rüstigen Diana war ein zaundürres altes Weiblein geworden, das aber immer noch recht herzlich lachen und finster die Brauen runzeln konnte, wenn es sein mußte. Es mußte nicht sein, nicht oft zumindest, denn die beiden Alten lebten wie weiland Philemon und Baucis in der klassischen Sage.

Wir begrüßten einander stürmisch, Diana tischte auf, was nur im Hause zu finden war, und schon waren wir mitten im Erzählen. Es war ein heißer Tag zu Anfang August, die Böcke trieben im Revier, aber wir lachten über den abscheulichen Kartoffelschnaps kurz nach dem Krieg, hielten uns an den nun hochoffiziell hausgebrannten Zwetschgensaft von heute und ließen die Böcke draußen heiraten, soviel sie wollten.

Natürlich drehte sich das Gespräch hauptsächlich um die Jagd, was denn sonst. Er sprach von seinen Reviersorgen, ich erzählte von fremdländischer Fauna und Fotosafaris und neuen Kalibern, die man in Amerika schoß, und so kamen wir wie von selbst zur Ballistik.

Die Lehre von den Vorgängen beim Schuß ist etwas Wichtiges, man soll sich ihrer bedienen, soll ihre Erkenntnisse in der Praxis umsetzen, um nicht sich und die Waffe weit zu überschätzen und in jagdliche Wahnsinnstaten zu verfallen. Aber man muß die Ballistik nicht unbedingt zu einem Götzen erheben und jede Schußtafel auswendig können. So denke ich heute noch darüber wie schon damals.

Während wir aber unversehens zum Thema Ballistik und zu anderen Themen kamen, die in der »Neuzeit« des Jagens gerade gängig und spruchreif geworden waren – Begriffe wie Ökologie oder Ökosystem und dergleichen wurden damals noch nicht oder selten und unter anderen Namen ins Gespräch gebracht, aber Neues gab es genug, gab es zu allen Zeiten genug, um darüber zu reden oder zu streiten –, während wir also nach dem soundsovielten Schnäpschen über dies und jenes diskutierten, was damals die Jäger interessierte, faszinierte oder empörte, machte ich eine überraschende, ja bestürzende Entdeckung: Der alte Mann da vor mir, der mir die immer noch gültigen, unverrückbaren Anfangsgründe des Jagens beigebracht hatte, ein Mann, dessen Waidgerechtigkeit nur noch von seiner Güte übertroffen wurde, mein alter Lehrprinz – ich war nun »moderner« als er, ich wußte auf manchem jagdlichen Gebiet mehr als er, ich hatte meinen Halbgott von einst bei weitem überflügelt...
Er war ein unübertrefflicher Kenner seines heimischen Wildes, darüber hinaus aber war sein Wissen auf den meisten Gebieten des so vielschichtigen Jagdwesens nicht viel mehr als braver Durchschnitt, und auf dem Gebiet der Ballistik, um noch einmal darauf zurückzukommen, auf dieses eine Beispiel unter mehreren, war er, nach den Maßstäben heutiger Prüfungsanwärter, reif zum Durchfallen. Aber draußen im Revier hatte er mir mit schlafwandlerischer Sicherheit die alte Föhre oder den gelblichen Stein oder den verrotteten Zaunpfahl gezeigt und gesagt: »Bis dorthin langt sie...« – immer gemeint natürlich seinen Repetierer 8 × 57, und etwas Neueres, Rasanteres hat er nie in seinen Schrank gestellt, ließ den Schuß lieber sein, mochte wohl nicht anders und konnte nicht anders, wer weiß. Man soll nicht an anderer Leute Überzeugung rütteln, wenn man nichts Besseres zu bieten hat. Und das gute alte Kaliber 8 × 57, auch heute noch gern geführt, hat doch zumindestens den Vorteil, daß es genug Energie ins Ziel bringt und den vernünftigen Jäger nicht auf Kosten des Wildes zu riskanten Weitschüssen verleitet. Gibt's denn noch mehr zu loben?
Die Erkenntnis der Unzulänglichkeiten meines Idols waren damals ein schwerer Schock für mich, über den ich erst Jahre später hinwegkam, als ich merkte, daß ich nun ungewollt selbst in seiner Haut steckte und daß die heutigen Jungen genauso über mich nunmehr Alten entweder höflich hinweghörten oder gar ein wenig nachsichtig lächelten. Denn – wie schon zu Beginn kurz erwähnt – die Welt dreht sich weiter, und in den letzten Jahrzehnten hat sich *wiederum* so manches geändert. Grundsätzlich vor allem, somit auch bei der Jagd und gerade bei der

Jagd. Ob das, was man »von oben« an der Jagd gedreht und geändert hat, gut und richtig war, das wird sich schon in den nächsten zwei Jahrzehnten zeigen. Gut und einzusehen aber ist, daß die Alten alt werden und die Jungen die Arbeit übernehmen und weitermachen. Bei der Jagd so wie auf dem Bauernhof.

Und so hat, wie alle Geschichten, die nicht nur aufs Unterhalten aus sind, auch diese ihre gar nicht neue Moral: Wert oder Unwert des Jägers dürfen nicht ausschließlich nach der Zahl seiner Jahresjagdscheine beurteilt werden. Eine Binsenweisheit, eine Binsenerfahrung: Ich habe »alte Hasen« bei Gesellschaftsjagden oder auf dem Schießstand mit der Jagdwaffe linieren oder herumfuchteln gesehen, daß einen das Grausen packte. Abends dann, beim Schüsseltrieb, hantierten sie bei weisen Sprüchen so zimperlich mit dem Besteck, als sei dieses scharf geladen. Und ich habe auch viele junge Jäger sich selbst und ihre Waffen so sehr im Zaume halten gesehen, daß es eine Freude war, die nicht im geringsten dadurch getrübt wurde, wenn sie abends nicht französisch parlieren konnten oder mit der Gabel allzu hungrig und heftig den Braten forkelten und der Teller mit grellem Mißton knirschte.

Man darf – schon wieder eine Binsenweisheit – eben nicht verallgemeinern. Nichts auf der Welt ist nur schwarz oder weiß, bei der Jagd schon gar nicht. Es gibt alle Schattierungen dazwischen. Wenn ich bei einem nur ein bißchen guten Willen sehe, dann ist er schon nicht mehr schwarz, sondern schlimmstenfalls dunkelgrau. Und vor denen, die mit ihrer strahlendgrünen Weste prunken, sollte man sich ohnedies hüten, ebenso vor denen, die ständig nur das Richtschwert schwingen. Gewiß, die Jungen sollten nicht frech sein und über die »alten Scheißer« keine losen Reden führen. Aber wenn sie etwas zu sagen haben, sollen sie vortreten und Laut geben dürfen, ohne befürchten zu müssen, man achte ihre Stimme nicht. Doch auch die Alten sollten nicht nur auf die ersessene hohe Zahl ihrer Jahresjagdscheine pochen und auf die Jungjäger herabsehen. Sie sollten sich vielmehr die Frage stellen: Was habe ich bereits *getan,* was habe ich die Jungen gelehrt, damit die nächste Jägergeneration so wird, wie ich sie mir wünsche?

Mittagsbock und Abendbock

Wenn man die Faulpirsch so richtig in vollen Zügen genießen will, muß man sich Zeit lassen. Immer schön mit der Ruhe. Nimm dir keine jagdliche Großtat vor. Die Chance, sie könnte gelingen, ist gering. Der wahre, der wirkliche, echte Gewinn liegt in der Ruhe, die du in dir ansammelst, nicht in der Beute, die du heimträgst, vielleicht. Die Pirsch am hellen Mittag ist eine Art Lotterie. Man weiß aus Erfahrung, daß nicht sehr viele Gewinnlose in Dianas Glücksrad drinnen sind. Die Dame geizt. Ebenso weiß man aber auch, daß so mancher schon ganz unvermutet, zur eigenen Bestürzung zunächst, den Haupttreffer einheimsen durfte. Nur deshalb nimmt man ja die Büchse mit, weil es doch wirklich einmal sein könnte, daß...
Was eigentlich erwartest du? Du weißt es kaum selbst und gehst dennoch hinaus ins Revier.
Die Vernunft sagt dir, daß du zu völlig falscher Zeit unterwegs bist: Das ist nicht die Stunde des Wildes. Es herrscht weder das Morgengrauen noch die sinkende Dämmerung. Aber die Hoffnung flüstert dir wider jede Vernunft zu, daß ausgerechnet du, während die anderen schon beim Mittagessen sitzen oder gar schon ihr behagliches Nickerchen machen, daß ausgerechnet du einmal zu den Gewinnern gehören und dem Bock deines Lebens begegnen könntest. Ihm, der anders ist als die andern, der seinem eigenen Äsungsrhythmus folgt, sich den Teufel darum schert, was in den gescheiten Lehrbüchern steht, und auf die taghelle Wiese austritt oder drinnen im Wald auf einer kleinen Blöße nascht – er, der sonst ausschließlich Sonntagskindern im spätesten Licht und auch dann nur unter verzwicktesten Umständen in Anblick kommt.
Und das hoffst du wirklich, du grüner Narr?
Ich weiß schon, das liest sich jetzt so dramatisch, als sollte von einem Hochkapitalen die Rede sein, von einem jener gewaltigen Uriane, die so viel Gesprächsstoff liefern: Rechts und links dreißig Zentimeter

hoch, Stangen so stark wie ein Staubsaugerschlauch, Enden weißgespitzt und handspannenlang. Nein, so teuer wird's nicht. Es wird hier nur von einem sehr mittelmäßigen Rehbock erzählt, dem ich in meiner Unschuld zunächst sogar einen Rosenstockbruch andichtete. Seine Erlegung nahm zwei Jahre in Anspruch. Nicht die Erlegung selbst natürlich, das war nur ein ganz kurzer Augenblick mit nachfolgend langem schlechtem Gewissen, doch die Mühe, ihn zu kriegen, verteilte sich über zwei Kalenderjahre.

Ich hatte ihn zum ersten Mal bei der Faulpirsch in Anblick, kurz vor dem Ende der Jagdzeit auf den Bock. Die ganze Natur verwandelte sich schon, eine wilde Farbenorgie gilbender Blätter kündete den Herbst, und im nächsten Jahr erst, um die gleiche farbige Zeit, durfte ich ihn strecken. Mit großen Problemen und seelischen Blähungen...

Den Wagen hatte ich im alten Steinbruch abgestellt. Ein heißer Tag zu Oktoberbeginn, und die Luft stand still über den abgeernteten Feldern. Nur der Silomais war zum Teil noch draußen, auch ein paar Streifen Kartoffeln gab es noch. Vom Steinbruch, in dem die Hitze kochte und von den Felswänden hin und her geschoben wurde, führt der Weg zum Waldrand. Wer den Einstieg zum Pirschsteig nicht kennt, verfehlt ihn, geht glatt daran vorbei, weil er sich hinter einem dichten Haselstrauch verbirgt. Gut so. Es braucht ihn ja auch nicht jeder zu kennen. Ein bißchen bergab geht's nun ins raume Holz. Die Sonnenstrahlen sind dein Begleiter, sie finden immer wieder ihren Weg durch die hiebreifen Fichten und lassen dich sehen – aber auch gesehen werden. Doch der Hang war prallwarm, der Aufwind kam mir entgegen und wehte mild um meine Nase. Es roch nach Erde und Moos, nach Harz, nach Oktober. Nach Ausklang und Neubeginn, nach Ende und Anfang. Du kannst es drehen, wie du willst, du kannst über alles deine eigene persönliche Meinung haben, aber stimme mir doch zu, Freund: Die schönste Zeit des Jagdjahrs im Rehrevier ist nicht der 16. Mai oder sonst ein behördlich festgesetzter Termin, die schönste Zeit, ganz gleich, ob du nun Kummer hast oder keinen, ist unser Oktober, wenn er seine Farben versprüht und mit ihm das ganze Jahr sich schlußendlich vergeudet in einem letzten, gewaltigen Farbentaumel. Wie in einem letzten, unübersehbaren Aufschrei.

Hier drinnen auf dem saubergehaltenen Pirschsteig kann dir allerlei begegnen, auch am hellichten Tag. Verhalte dich still. Je langsamer der Fuß und je flinker das rundum schweifende Auge, desto mehr kannst du in Anblick bekommen: das heimlich schlüpfende Reh, seltener schon ein Rudel Mufflons, sehr, sehr selten untertags die borstige Sau, da mußt du schon zu den Glücklichen gehören, und wenn du ganz, ganz guten Wind hast und einmal ein Viertelstündchen den Schritt verhältst, siehst du vielleicht auch einmal im Jahr oder zweimal ein Stück Rotwild...

Bei dieser Mittagspirsch sah ich drunten am Ende eines kleinen Schlages den noch rostbraunen Fleck hinter einem Baumstumpf, und ich blieb stehen und stützte das Fernglas auf den langen Bergstock, den wir auch hier bei uns, nicht nur im Gamsgebirg, gern mit uns tragen, denn er ist auf vielerlei Weise nützlich und doch nicht allzu schwer. Der rote Fleck schob sich ein Stückchen weiter und ließ sich ansprechen auf etwa hundertzwanzig Gänge: ein Rehbock im mittleren Alter mit einem ganz hervorstechenden, unverwechselbaren Kennzeichen. Die linke, nur mäßig vereckte Stange stand nicht in einer Ebene mit der rechten, sondern neigte sich in stumpfem Winkel nach vorn. Fast meinte ich, sie pendeln zu sehen, doch das war wohl nur eine Sinnestäuschung im heiteren Spiel der Sonnenkringel. Unleugbar aber blieb die deutliche Schrägstellung, fast senkrecht zum Stirnbein. Bastverletzung, vielleicht sogar ein Rosenstockbruch, vermutete ich, ließ das Fernglas zur Brust sinken, stemmte den Stock ein und wollte die Büchse daran anstreichen, doch da zog der Bock schon in aller Ruhe fort, zeigte nur mehr den Spiegel und verschwand langsam im dämmrigen Schatten hinter den Stämmen des anschließenden Hochholzes.

Am oberen Rand des Schlages hatten wir ein kleines Sitzchen: nur ein Leiterchen und droben in der starken Fichte ein Sitzbrett. Ich baumte auf und wartete, aber der Bock kam nicht wieder. Dort saß ich dann noch an drei weiteren Tagen in der Mittagszeit. Das Wetter war mild und klar, der Oktober glänzte, als wollte er nicht wahrhaben, daß er Anfang und Ende bedeutete, und ich sah den Bock tatsächlich noch einmal, aber da kam er nicht heraus auf den Schlag, sondern geisterte nur drinnen im Hochholz umher, verdeckt, aber klar erkennbar war die nach vorn gereckte linke Stange.

Dann mußte ich verreisen, das Bockjahr war für mich vorbei und in einer Woche ja auch die Jagdzeit. Bevor ich meinen Koffer packte, besprach ich den Bock noch mit meinen Waidkameraden. Wir waren in diesem Jahr vielleicht allzu vorsichtig umgegangen mit der »mittelalterlichen« Altersklasse, es hatte nicht alles geklappt, und einer war noch frei. »Versucht es in der Mittagsstunde«, riet ich ihnen. »Er ist ein Mittagsbock. Er hält kein Mittagsschläfchen.«

Sie versuchten es, aber keiner bekam den »Schiefwinkeligen« in Anblick. Und dann war schon der 16. Oktober da. Das Bürschchen hatte es doch tatsächlich geschafft. Der Bock interessierte mich sehr, wie es eben so ist mit nicht ganz alltäglichen Rehböcken, und obwohl er nach meiner Rückkehr schon vor jedermanns Kugel sicher war, wollte ich ihn wiedersehen. Es war, wie wenn man sich auf ein Wiedersehen mit einem alten Bekannten freut. Doch nun, wo er ungehindert am sonnenhellen Tag über den ganzen Schlag hätte spazieren können, jetzt tat er es nicht. Ich saß noch einige Male in der Mittagszeit an, bekam ihn aber in diesem Jahr nie wieder in Anblick. Ich vergaß ihn fast, meinen »Verbogenen«, »Schiefwinkeligen«, »Rosenstockbrüchigen« – allerlei Namen hatte ich schon erfunden für ihn. Aber so einen Bock kann man ja gar nicht richtig vergessen, auch nicht über den Alltagssorgen. Und als der Frühling wieder ins Land zog, war auch die Erinnerung an ihn wieder frisch und grün.

Vielleicht, so hatte ich manchmal noch gedacht, ist er im Vorjahr doch noch zur Strecke gekommen, in einem der Nachbarreviere vielleicht, denn gar so groß sind unsere Jagdreviere ja nicht, daß ein Rehbock – aus vielerlei Gründen – nicht hinüber über die Grenze wechseln und drüben einen neuen Einstand suchen und finden könnte. Drum hatte ich mich hier und dort umgehört, hatte je nach Laune oder Bekanntheitsgrad – denn solche Fragen sind doch nicht jedermann gegenüber zulässig – nach seinem Verbleib geforscht. Bei Freunden hatte ich offen geredet und bei den unsicheren Freunden Fallenstellerei betrieben, Wortfallen fängisch gestellt und die Lauscher gespitzt dabei, ich hatte zudem noch alle in Frage kommenden Trophäenschauen besucht und mich kundig und an allem interessiert gestellt, in Wahrheit aber nur den einen suchend – doch von meinem Unverwechselbaren war weder etwas zu hören gewesen noch zu sehen.

Böcke kommen und gehen, achselzuckend soll man es zur Kenntnis nehmen und sich nicht versteifen auf den einen, den man meint unbedingt beuten zu müssen. Rehböcke sind wie Geschenke. Man soll die gutgemeinten Geschenke freundlich dankend annehmen, auch wenn sich nachher, nach der grausamen Zerschneidung des farbenfrohen Bändchens und nach Entfernung des freundlich raschelnden Seidenpapiers, nach dem »Aufbrechen« des Kartons, herausstellt, daß es ja nicht unbedingt das war, was man sich so sehnlichst wünschte.

So sinnierend erlebte ich wieder einmal den Beginn einer Jagdzeit auf den Rehbock, und da der Unverwechselbare doch offenbar noch am Leben sein mußte, da es ihn noch gab – es sei denn, irgendein Freund, ob nun Jägerfreund oder Bockfreund, hätte mich mit kalter Stirn belogen –, begann ich ihn auch wieder zu lieben und ihm zuliebe auch seine Lieblingsstunde, die Mittagszeit. Wie er wohl aufhaben würde in diesem Jahr? Die Faulpirsch zog mich wieder an wie ein Magnet, daheim verdorrte so manches in der Pfanne, wenn ich mich wieder einmal verspätete – doch mein lieber alter Bekannter war und blieb verschwunden. Schließlich gab ich auf.

So ist es im Leben. Nicht nur die Rehböcke kommen und gehen, die Menschen auch. Die guten wie die schlechten, die miserablen. Man kann bei der Jagd das Vergessenkönnen lernen, es gehört nur ein wenig Übung dazu.

Ich vergaß meinen Freund – fast. Nun gut, es war ja nicht das erste Mal, daß man so etwas erlebte. Alles fließt, alles ändert sich. Statt der Mittagspirsch begann ich nun wieder die herkömmlichen Tugenden oder Untugenden der Jägerei zu lieben und zu pflegen, ich ging wieder wie andere normale Leute zum Morgenansitz und zum Abendansitz, wo man ja doch die meisten Chancen sich ausrechnet, und die Schelte wegen des verbrutzelten Mittagessens hörten auf.

Auch dieser Frühling schwand wie so manch anderer, auch dieser Sommer verging. Ich hatte guten Anblick gehabt und Waidmannsheil, und ich war zufrieden, doch den »Verschrobenen« hatte ich nie mehr gesehen. Auch meine Jagdkameraden waren nicht mit ihm zusammengeraten. Bald dachte ich wirklich nicht mehr an ihn, er war nun tatsächlich so gut wie vergessen.

Und wieder glänzte der Oktober in irrsinniger Verschwenderpracht, wieder ging eine Bockjagdzeit ihrem Ende zu. Die Welt war um ein Jahr älter geworden, und mit ihr auch wir: der vergessene »Verbogene« und ich.

Ich war mit der großen Gartenschere unterwegs gewesen, um ein übles Dornendickicht wegzuschneiden, das sich um die Leiter eines unserer älteren Hochsitze gerankt hatte. Büchse und Fernglas hatte ich aber mit dabei, weil das so zur guten Ordnung gehört und jahrzehntelang Gewohnheit geworden ist. Auf dem Rückweg ins Dorf spazierte ich an einer Wiese vorbei, die wie ein spitzer grüner Keil in den Wald eindringt, nicht breit, aber lang. Dort am Waldrand gab es damals noch keinen Hochsitz. Es dämmerte schon stark, und weit drinnen in der Wiese äste ein einsames Reh, gut hundertachtzig Meter entfernt. Ich stand gedeckt an der Waldecke, hatte den Wind im Gesicht, hob das Fernglas. Wenn die Dämmerung einmal eingesetzt hat, sind hundertachtzig Meter weit genug zum Ansprechen, auch wenn Glas und Auge gut sind, aber heute war es leicht, ganz leicht, und ich erschrak beinahe: Dort stand unverkennbar mein »Verwinkelter« – linke Stange

nach vorn gereckt, fast senkrecht zum Verlauf des Nasenbeins, rechte
Stange lauscherschräg nach hinten, ganz normal. An eine Verletzung
im Bast durfte ich nun nicht mehr glauben. Zwei Jahre hintereinander
das gleiche Malheur an derselben Stelle – nein.
Ich versuchte, stehend an einem Baum angestrichen, ihn ins Zielfernrohr zu bekommen, aber es war ganz einfach schon zu düster, ganz
bestimmt auch zu weit für einen bloß angestrichenen Schuß. Machen
wir uns nichts vor. In geselliger Runde werden unsere Schießkünste
von Stunde zu Stunde immer großartiger, immer freihändiger und auf
immer bewundernswertere Entfernungen, aber draußen in der Praxis
hat man, sollte man haben, mehr Gewissen. Ich schlich mich davon
und nach Hause.
Es gab ihn also wirklich noch. Und was war mit seiner linken Stange
los? Und wie ihm beikommen, ihn kriegen? Gefinkelt, wie er war –
das hatte sein langes Versteckspiel bewiesen –, blieb er gewiß immer
bloß am innersten Ausläufer der Wiese, ganz knapp neben der schützenden Deckung. Dort drinnen wurde es bürstendick.
Und wieder waren nur mehr wenige Tage Zeit, und bei den Böcken der
Mittelklasse, mit denen wir sehr vorsichtig umgingen, war wiederum
noch einer frei – wie im Vorjahr. Manchmal will es sein, daß auch
simple Ereignisse sich wiederholen, nicht nur die Sternstunden oder
Elendssekunden der Weltgeschichte, aus denen keiner zu lernen bereit
ist.
Am nächsten Abend erwies es sich endgültig, daß mein alter Freund
vielleicht seine sämtlichen Lebensgewohnheiten geändert hatte und
vom Mittagsbock zum Abendbock geworden war und der stillen
Waldwiese treu blieb, aber wiederum nur ihren innersten, verstecktesten Winkel aufsuchte. Jetzt hätte man, auf halber Wiesenlänge etwa,
dort einen Hochsitz haben müssen, aber den hatten wir eben nicht.
Den Bock quer durch den Wald hindurch anzupirschen war schlicht
unmöglich. Der Oktober war trocken gewesen bis jetzt, jedes kleinste
Ästchen würde höllischen Lärm verursachen. Ich saß ziemlich ratlos
auf meinem Sitzstock unter der alten Fichte an der Waldecke. Das einzige, was hier gut war, war der Wind. Er strich an mir vorbei über die
Felder und nicht hinein in den Wald. Doch auch an diesem zweiten
Abend erschien mir im späten Dämmern der Schuß noch zu weit, viel
zu riskant. Ich sah mir den Bock genau an. Er schien in diesem Jahr
noch ein wenig dürftiger vereckt zu haben als im Vorjahr und war in
der Wildbretstärke ungefähr gleich geblieben, soweit man das eben
überhaupt beurteilen kann. Denn ein Stück Rehwild aufs Kilogramm

genau zu wiegen, das gelingt nur mit der Waage, zu Hause, in der Wildbretkammer. Meinen vollsten Respekt allen jenen, die es mit den Augen können, draußen im Revier. Doch ich selbst habe mich schon zu oft und zu grundlegend dabei verschätzt, je nach Jahreszeit, Beleuchtung und Stellung des Wildes, um noch gutmütig glauben zu können, was man mir da alles so erzählt.

Am nächsten und dritten Abend brachte ich meinen langen Bergstock mit und spreizte ihn schräg vor meinem Klappsitzchen als Auflage gegen den Fichtenstamm. Man schrieb den zwölften Oktober. Das Wetter begann umzuschlagen, aus dem Oktoberglanz schien Graupelwetter werden zu wollen, und auch der Wind stand heute nicht ganz so gut wie an den Vortagen, er hatte seinen Charakter verloren, säuselte einmal aus dieser, dann aus jener Richtung und manchmal sogar ein wenig in die lange Wiese hinein. Ich machte mir Sorgen, die mein Bock anscheinend nicht zu teilen schien, denn er kam auch heute wieder, und das sogar noch einige Minuten früher als sonst. Ein paar Minuten können eine Ewigkeit sein, können alles entscheiden, wenn es ums Ansprechen oder gar ums ordentliche Zielen geht, nicht nur mit den dicken Balken oder dem Zielstachel des Absehens einfach drauf auf den dunklen Fleck in der Wiese. Das ist keine Kunst, das kann jeder, aber das ist auch kein Jagen mehr, das ist Verantwortungslosigkeit und eine Sauerei.

Einige Minuten früher kam er als an den vorangegangenen Tagen, womit ich aber nicht gesagt haben will, daß er beim Tageslicht kam, nein, es war schon dunkel genug, doch der Unterschied war spürbar, erkennbar, und ließ mich, fast gegen meinen Willen, zu einem Entschluß kommen, obwohl, tief drinnen in mir, trotz grünem Licht für den Abschuß auch eine Menge roter Warnlämpchen ihr Verwirrspiel blinkerten.

Hundertachtzig Meter, vielleicht ein paar Meter rauf oder runter, auch diejenigen bewundere ich, die Entfernungen ebenso genau schätzen können wie das Wild in freier Wildbahn mit den Augen wiegen – weit ist das in der Dämmerung, sehr weit, aber der »Verwinkelte« stand frei und breit in der nur mehr wenig nachgewachsenen Wiese, kein Hälmchen dazwischen, kein Ästlein, und ich nahm mich zusammen, beruhigte meinen Atem und mein Gewissen und ließ sorgfältig fliegen.

Weiß der Himmel, ich mucke sonst nie, das hat man mir in bösen Zeiten ausgetrieben, aber diesmal sah ich kein Zeichnen durchs Zielfernrohr, kein Abspringen, das Mündungsfeuer stand wie ein ausgefranster gelbweißblauer Ball vor mir und blendete mich ein wenig, und alles, was ich noch wahrnahm, war, daß ein paar Meter rechts vom Anschuß am Waldrand ein Brombeerstrauch wackelte. Und ganz gewiß nicht von der Kugel. Dort hinein war er also abgesprungen. Ich packte meine Siebensachen zusammen, ging nach Hause und redete mir ein, es sei alles in Ordnung. Ich war, glaubte ich fest, sauber abgekommen, zumindest war das Fadenkreuz im entscheidenden Augenblick nicht fremdgegangen, ich war ordentlich drauf gewesen und, was wichtiger ist, auch drauf geblieben – und allerlei mehr solcher Tröstungen. Wer kennt sie nicht, diese Beschwichtigungsversuche des eigenen Ich, die reuevollen guten Vorsätze und die unruhigen Nächte vor der Nachsuche.

Ich hatte damals vorübergehend keinen eigenen Hund, doch Kuno, der Deutsch-Kurzhaarrüde eines meiner Mitpächter, war ein idealer Kumpel, ebenso wie sein Herr, der von Beruf Frühaufsteher war und alltäglich zur Arbeit in die Stadt pendeln mußte. Im Oktober dauern die Nächte schon lang, da mußte er morgens noch in der Finsternis aufbrechen, und so klopfte er, wie gestern abend noch rasch vereinbart, nur kurz ans Küchenfenster, brachte Kuno samt Schweißhalsung und Schweißleine und empfahl sich rasch wieder.

Da saß ich nun mit Kuno in der Küche, sprach mit ihm, zeigte ihm die Büchse, und von diesem Augenblick an wußte er, daß er von nun an, nur eben heute, mein Hund war. Unsere Bekanntschaft war alt, aber dennoch: das machen nicht viele Hunde. Es ist eine reine Frage der gemeinsamen Wellenlänge und des Vertrauens. Nicht oder weit weniger des Vertrauens von Mensch zu Hund, sondern umgekehrt: Der Hund muß zu dir Vertrauen haben. Er muß dich anerkennen.

Und als es dann draußen grau wurde, brachen wir auf. Ich war zuversichtlich, denn Kuno war ein guter Hund. Wir führen hier in unserer Gegend traditionsgemäß zwar noch überwiegend Vorstehhunde, aber wenn es mit dem Betonieren und Begradigen und dem gierigen Gewinndenken aller unglückselig Beteiligten noch lange so weitergeht, wird es bald nichts mehr zum Vorstehen geben, und so werden unsere Vorstehhunde mit Bedacht auch auf Schweiß gearbeitet, und die braven Allrounder verstehen sich recht gut darauf.

Ich halte nicht viel von Nachsuchen noch im Morgengrauen, man will doch auch sehen, was der Hund verweist, und Eile hat die Sache dann ohnedies keine mehr. Darum richtete ich es so ein, daß wir erst bei vollem Licht vor Ort waren. Ich rechnete mit den bösesten Übeln und häßlichsten Zufällen. Mit Widergängen zum Beispiel, daß nämlich ein schwerkranker Bock nicht nur waldeinwärts flüchtig geworden sein

könnte, sondern auch heraus, wie ich es schon mehrmals bei Sauen erlebt hatte, noch nie allerdings beim waidwunden Reh. Doch gibt es gerade bei der Jagd nichts, was es nicht eines Tages geben könnte, und so gingen Kuno und ich mitten über die Wiese, um nur ja nichts Schwerkrankes am Waldrand hochzumachen. Wir gingen, Kuno frei bei Fuß, sozusagen genau die Schußlinie entlang, den Weg, den das Geschoß in Wiesenmitte genommen hatte. Auch jetzt am Morgen zeigte der Wind noch keinen Charakter, er drehte sich, wandte sein Mäntelchen, und droben am Himmel zogen erste Wolken auf. Vorbei der Oktoberglanz.
Mit schlechtem Gewissen und unruhigem Herzen sind hundertachtzig Meter bei Tageslicht doppelt so lang als in der späten Dämmerung. Und so gingen wir langsam pfeilgerade auf den Anschuß zu, den ich mir gut gemerkt hatte, links von dem Brombeerstrauch, der nach dem Schuß gewackelt hatte. Schon ein gutes Stück vorher zog Kuno merklich an, aber noch mit hoher Nase. Am Anschuß selbst senkte er bedächtig den Fang und verwies mir, was auch ich schon sah: ein bißchen mittelfärbigen Schweiß und – reichlich Grünes.
Da war es nun wieder einmal, dieses flaue Gefühl, gemischt aus Ärger über einen schlechten Schuß und der angesichts des vorgefundenen Sachverhalts immer stärker aufkeimenden Zuversicht, das Stück nun mit Sicherheit zu finden. Doch die Flauheit überwiegt die Zuversicht, es ist ein ungutes Gefühl, obwohl das doch keiner absichtlich tut: ein Stück Wild durch schlechten Schuß leiden lassen. Doch es passiert eben immer wieder. Auch dem besten und ruhigsten Schützen. Selten zwar, aber dieses seltene eine Mal ist eben schon um einmal zuviel.
»Komm«, sagte ich zu Kuno und dockte die Schweißleine ab, »dort rechts hinter dem Brombeerstrauch am Waldrand hast du sicher wieder Schweiß, und ein Stückchen weiter finden wir ihn im ersten Wundbett. Such verwundt!«
Doch zu meiner Verwunderung – es verwundert mich nicht mehr sehr viel bei der Jagd – hatte Kuno nicht das geringste Interesse an dem schönen Brombeerstrauch. Es gab kaum eine andere Erklärung: Dort war wohl, von mir gar nicht wahrgenommen, ein anderes Stück gestanden und abgesprungen und hatte dabei am Brombeerstrauch gerüttelt. Jedenfalls nicht der »Verwinkelte«. Kaum angeleint, führte mich der Hund langsam, aber mit großer Sicherheit zur anderen Seite, nach links, verwies bald wieder Schweiß und Grünes, dann ging es noch, ehe es bürstendick wurde, keine zwanzig Meter durch schütteres Unterholz, und unter einem – ganz anderen – Brombeerstrauch, gut

gegen Sicht gedeckt, als hätte das noch helfen können, lag eiskalt, längst verendet, der Mittagsbock, der übers Jahr zum Abendbock geworden war.
Ich stand lange vor ihm und sah auf ihn hinunter, ehe ich mich bückte und ihm in den Hauptschmuck griff, um festzustellen, was damit los war, was wohl die eigentümliche Stellung der linken Stange – tatsächlich heuer noch schlechter vereckt als im Vorjahr – verursacht haben mochte. Und wie so oft im Leben, auch bei anderen Dingen, erwies sich nach langem Grübeln die Lösung des vermeintlichen Rätsels als vergleichsweise simpel. Es war keinerlei Rosenstockverletzung zu sehen, auch – nach dem Auskochen – keine Verletzung oder Mißbildung des Schädeldachs. Es handelte sich ganz einfach nur um eine abnorme Stellung des linken Rosenstocks. Ein Spiel der Gene vielleicht, eine Laune der Natur.
Drei Grundbegriffe der Jagd auf Rehwild hatte mir die Erlegung des »Verdrehten« wieder in Erinnerung gerufen.
Erstens: Daß schlecht, aber schwer getroffenes Rehwild fast immer noch die Härte aufbringt, bis zur nächsten Dickung zu gelangen, um sich dort zum baldigen Verenden niederzutun, wenn man es nicht aufmüdet. Sucht lieber zu spät als zu früh.
Zweitens: Daß hundertachtzig Meter auch für einen erfahrenen und ruhigen Schützen beim Rehwild schon fast mehr als eine kritische Obergrenze sind. Und das erst recht in fortgeschrittener Dämmerung. Und schon gar kurz vor Torschluß, am zwölften Oktober, wenn man meint, es *müßte* noch sein. Laßt euch nicht vom Datum drängeln!
Drittens noch, und hier ganz kurz gefaßt ein altes Sprichwort: Ohne Hund – alles Schund!

Max und Moritz

Daß Lektüre und Betrachtung von Wilhelm Buschs ewig junger Bildergeschichte »Max und Moritz« böse Folgen für einen erwachsenen Menschen nach sich ziehen könnten, halte ich für ausgeschlossen. Es sei denn, es ißt einer dabei Fisch und erstickt vor Lachen an einer Gräte. Max und Moritz als Hauptpersonen köstlicher Belustigungslektüre sind sicher ungefährlich. Hingegen haben diese Rangen in unserem Revier einiges angerichtet, und da ich der Dumme dabei war, denke ich sehr unfreundlich an die beiden bösen Buben zurück. Wenn man den Pfadfinder oder Vorarbeiter mit dazurechnet, waren sie schließlich sogar zu dritt, aber vom Vorhandensein eines Dritten hatte wohl nicht einmal Wilhelm Busch eine Ahnung gehabt, sonst hätte er sich etwas anderes einfallen lassen, und die Bildergeschichte wäre vielleicht unter einem ganz anderen Namen in die Literaturgeschichte eingegangen.
Doch nun hübsch langsam, sonst wird's unübersichtlich, denn die Drei ist ja bekanntlich eine hohe Zahl und manchen Leuten schon zu schwierig. Sogar den elektronischen Monstergehirnen, hab ich mir sagen lassen. Auch die mögen die Drei nicht und kommen angeblich mit 0 und 1 und 2 aus bei ihrer Schwerarbeit ...
Beginnen wir mit Nummer eins. Mit dem ärmsten Kerlchen ging es schon im April los. Ein eiskalter Wind pfiff um die freistehende Kanzel auf den Feldern, doch sie war rundum dicht und mit Glaswolle ausgestopft und gepflastert, denn hier hatte sich, wenn der Mond und Diana und Hubertus und Eustachius und weiß Gott wer noch aller mitspielten, schon so mancher Sauansitz gelohnt und, je nach den Tagespreisen, gelegentlich auch bezahlt gemacht. Heute aber hatten wir keine borstigen Absichten und wollten uns nur um einen Rehbock umsehen, der, wenn schlecht, recht bald im Mai, wenn aber gut, frühestens in der Brunft von Josefs nie zitternder Hand fallen sollte. Mit einem Wort: Wir wollten wieder einmal sehen, was los war da draußen im Revier.

Wir wußten aber auch, daß die im April bestätigten Rehböcke so wetterwendisch sind wie der Monat. Noch sind die Einstandskämpfe nicht vorbei, und über Nacht mag sich so manches ändern.
Ich mochte Josef und gönnte ihm einen braven, ja sogar kapitalen Bock – nun, man soll erstens mit der Bezeichnung »kapital« nicht so um sich werfen, als wäre »kapital« der reinste Klacks, und zweitens laufen auch in unserem unbestritten guten Rehrevier die wirklich kapitalen Böcke ja nicht reihenweise herum, sondern zählen zu den Ausnahmen. Sei es nun so oder so, ich wollte ganz einfach, daß Josef zu einem guten Bock kam, mehr nicht.
Josef war Tiroler, einer von denen, die »lustig und froh« sind, wie das Kinderliedchen behauptet, und unsere Bekanntschaft hatte vor Jahren sehr international begonnen: Er mit seinem internationalen Kennzeichen A hintendran am Wagen war mir mit meinem D hintendran mitten in CH, kurz vor Zürich, grob hintendrauf gefahren, und so hatten wir uns kennen- und schätzengelernt. Das Schicksal nahm seinen Lauf, die Freundschaft und Waidkameradschaft war nicht mehr zu bremsen oder gar aufzuhalten. Er war daheim Revierpächter ganz droben, dort wo die Luft schon dünn ist und die Rehe im Fels immer seltener werden, und ich war Mitpächter hier bei uns drunten, wo wir, solange noch nicht alles zubetoniert ist, zwar noch Rehe haben, aber zu unserem größten Bedauern nur mehr wenig Rotwild und keinen einzigen Gams in unseren Wäldern und Feldern. Doch nachdem wir uns bei diesem ersten Kontakt in der Schweiz gemütlich zusammengeredet hatten, schoß ich alljährlich bei Josef in Tirol einen Gams, manchmal einen guten, dann wieder einen schlechteren, wie es eben so ist bei der Jägerei, und ebenso alljährlich schoß er bei mir im waldigen Hügelland – mit weit weniger körperlichem Aufwand – einen guten Rehbock oder auch drei (wie es eben so ist bei der Jägerei), wenn, ja wenn er nur Zeit dazu fand. Denn Josef war stets im Streß. Er war beruflich überlastet, und die Anreise aus dem fernen, wilden Land Tirol war weit. Der Begrüßungstaumel und die Freude über das viel zu seltene Wiedersehen raubten ihm zudem hin und wieder auch den Durchblick durchs Zielfernrohr, nicht aber den zum Grund seines Glases, worin er es übrigens mit dem Rotwein hielt und nur in Ausnahmefällen mit einem Klaren, während wir hier drunten doch eher die Freunde des Gerstensaftes sind und den Klaren nur so zwischendurch als Waffe gegen die überschwappende Kohlensäure einsetzen.
Der immer eilige Josef also saß in der späten Abenddämmerung dieses häßlichen Apriltages neben mir in der windumwehten Saukanzel, barg

den Ausnahmefall, nachdem ich dankend abgelehnt, wieder in der Brusttasche und starrte mit dem Fernglas über die noch ziemlich kahlen Fluren hinweg und hin zu den Waldrändern, ob sich nicht doch da oder dort ein vorwitziges Stück in noch grauer Winterdecke zeigte, das versprach, zum dunkelroten Erntebock zu werden und der Trophäenwand im heimatlichen Andreas-Hofer-Land Ehre zu machen. (Denn, um es mit allem Respekt zu sagen, seine Hochgebirgsböcke waren sehr, sehr mäßig!)
Zusammenfassend gesagt: Die Vorsehung weiß schon, warum sie Freundschaften wachsen läßt. A auf D hintendrauf mitten in CH, das ist nicht nur ein Versicherungsfall, das ist höhere Fügung: Ich freute mich auf seine Gams, er freute sich auf meine einigermaßen braven Rehböcke, und jedem war geholfen.
Aber das, was er soeben mit schnaufender Verwunderung in seinem Glas hatte, die Nummer eins nämlich, war beileibe kein braver Bock. »Odumei!« sagte Josef erschüttert, was soviel heißen sollte wie »Oh, du mein Gott!«, ließ das Glas sinken, sah mich an, rollte die Augen und dann auch die R's tief in der Kehle: »Was hascht denn du för ormsälige Viecherlan bei dir da mitten im Revier!«
Ich mußte ihm recht geben. Das »armselige Viehlein«, ganz unwaidmännisch so benannt, aber zutreffend, war ein Knopfböckchen, knapp elf Monate alt und keine elf Kilogramm schwer, eher weit weniger. Grau wie ein buckliger kleiner Stein stand es dort am Waldrand und rührte sich nicht, als sei es zu krank und müde, auch nur das Haupt zu senken und von dem spärlichen Gras zu zupfen, das den Feldweg am Waldrand säumte.
Todesurteile sind rasch gefällt. »Den sollte man nehmen«, sagte ich zu Josef, »gleich zu Beginn der Jagdzeit. Ich werde mich um ihn kümmern. Oder willst du? Ein Guter bleibt dir immer noch. Aber von hier wirst du ihn nicht kriegen, den kleinen Maxi, wenn er immer nur so schüchtern drüben am Waldrand steht. Mußt dich drüben auf die Kanzel am Weg setzen.« Ich schüttelte ein wenig betrübt den Kopf. »Ehrlich – ich habe keine Ahnung, wo der herkommt. Ich habe dieses Unglücksgeschöpf noch nie gesehen...« Und ich machte mir auch Gedanken über die Mama Geiß, mit der offenbar etwas nicht stimmte.
Weiteres Wild kam nicht in Anblick an diesem Abend, der Aprilwind jagte, was sollten da Wild und Jäger noch draußen anfangen, zudem war es nun schon fast stockfinster, und wir machten, daß wir in die »Krone« kamen zu Glühwein und nahrhafter Atzung und so manchem gemütlichen Gespräch. Denn die »Krone« ist unser Jägergast-

haus und wird von allen Grünen gerne angenommen, die nach anstrengenden Stunden im Revier Speis und Trank zu schätzen wissen. Nur hin und wieder ist einer unzufrieden, nach einem jagdlichen Streitgespräch etwa mit dem Jagdherrn, und dann verläßt er zürnend die »Krone« und behauptet, sie sei aus Blech, und hier würde ja auch nur Blech geredet...

Blech zum Beispiel dann, wenn einer der Neunmalklugen behauptet, es wäre eine Affenschande, schon am ersten Tag der Jagdzeit auf den Rehbock ringsum in den Revieren fröhlich die Büchsen knallen zu hören.

Das war nämlich unser Thema an diesem abscheulichen Aprilabend, und wir Alteingesessenen waren uns mit dem fremdländischen Josef einig, der es formulierte und auch die in seiner Heimat geübte Praxis wie folgt darlegte: »Woll, woll«, sagte er, es sei sehr wohl eine Affenschande, sofort gierig am ersten Tag auf alles rauchlosen Dampf zu machen, was nunmehr erlaubt sei, aber die Knopfböcke müsse man notfalls schon am allerersten Tag, in der allerersten Stunde des Morgengrauens erlegen, und möglichst alle zugleich, bevor die Vegetation wie jedes Jahr die Oberhand gewinne und man sich die Vorgemerkten im wogenden unübersehbaren Weizen vergeblich suchen müsse.

Wobei, schränkte er ein, in seinem heimatlichen Revier der Höhenlage wegen von unübersehbaren Weizenfeldern nicht so leichtfertig die Rede sein könne. Weshalb, letztlich, es bei ihm auch weit weniger Knopfböcke gebe und er sich schon sehr auf die Erlegung eines solch seltenen Außenseiters der rehlichen Gesellschaft freue. Und das am ersten Tag der Jagdzeit. Möglichst in der ersten Stunde.

Wir vereinbarten also den ersten Tag und die erste Stunde zur Erlegung des armen Max, wie ich ihn unbesonnen getauft hatte gleich beim ersten Anblick, und dann setzte sich der eilige Josef in seinen dicken Wagen, um den ich ihn stets glühend beneide, und trat trotz schwärzester Aprilnacht die weite Heimfahrt an. Wie gesagt, er war immer im Streß, weil er zu Hause im Unterland nicht nur eine entzückende junge Frau, sondern auch einen kleinen Betrieb mit nur wenig mehr als dreihundert Mitarbeitern am Hals hatte. Um den beneidete ich ihn nie.

*

Wer kennt nicht die Sorgen des Jagdpächters, der sich einen lieben Freund und Waidkameraden zur Erlegung einer jagdlichen Rarität eingeladen hat? Da wird man unruhig, glaubt sich zu blamieren, zweifelt, ob das auserkorene Stück seinen Wechsel hält, tut schließlich das Allerverkehrteste, was man unvernünftigerweise tun kann und was einem ein wirklich alter, mit allen Salben geschmierter Rehbock nie verzeihen würde: Man sieht alle paar Tage nach, ob *er* noch da ist.

Doch das Knopfböckchen, dessen Stunde gleich in der ersten Stunde geschlagen haben sollte, war arglos und unerfahren, und ich bekam es tatsächlich noch dreimal in Anblick, ganz nahe der anderen Kanzel am Wegrand, die ich Josef empfohlen hatte. So sah ich also dem Ereignis schließlich mit Ruhe entgegen, und nach einigem Hin und Her am Telefon kam tatsächlich der eilige Josef, pünktlich am Vorabend traf er ein, deponierte rasch sein Werkzeug bei seiner Quartierfrau und strebte dann schon beschwingt zur »Krone« hin, in der ganz offenkundigen und schon traditionellen Absicht, den ihn erwartenden Freunden ein kleines Fest zu geben, voll der Wiedersehensfreude. Unser Wirt, Leopold mit Namen, aber Poldi geheißen und gerufen, auch einer von der grünen Farbe, war schon vorgewarnt und hatte bereits ein neues Rotweinfaß aufgemacht.

Voll der Wiedersehensfreude – das mochte noch angehen, aber womöglich gar voll des Weines, nein, da sei Hubertus davor, und so bremste ich den immer flotter werdenden eiligen Josef gegen elf Uhr nachts scharf ein und verhieß ihm die Hölle, wenn ich ihn nicht morgen um halb drei in der Früh aus seinem Lager in der Dachkammer der steinalten Witwe brächte, bei der er immer zu hausen pflegte, wenn er bei uns war. Und gutmütig, wie die Tiroler nun einmal sind, meinte er nur: »Hascht recht!«, ließ sich unterhaken und abschleppen, während die anderen Grünlinge, die nicht unbedingt gleich morgen einem Rehbock ans Leder, Verzeihung, an die Decke wollten, noch angestrengt versuchten, dem Rotweinfaß auf den Grund zu gehen, was ihnen aber, unser Wirt ist recht glaubwürdig, bei weitem nicht gelang.

So brachte ich Josef also zu seinem Quartier, wich erst von der Stelle, als droben im Dachstübchen das Licht aufflammte und bald wieder erlosch, und begab mich dann selbst zur wohlverdienten Ruhe. Ein halbes Dutzend Häuser weiter die Straße entlang fand ich den mir angestammten Bau, verriet meiner gähnenden Eheliebsten, daß Josef morgen früh unter meiner Führung ein »ormsäliges Viecherla« von seinem Lungenwurmleiden erlösen werde und stellte den Wecker auf drei, was sie mißmutig zur Kenntnis nahm und auch mich nicht sonderlich freute.

Wir waren pünktlich, der Wecker und ich, aber als ich mit dem Revierfahrzeug, der alten Polterkiste, vor dem Dachstübchen vorfuhr,

herrschte dort noch völlige Finsternis. Ich warf Steinchen und weckte die Witwe, die ihrerseits, solches gewöhnt, Josef aus der Sasse stieß. Mit nur einer Viertelstunde Verspätung fuhren wir los, von Morgengrauen noch keine Spur. Der Wind stand gut, und ich wußte genau, wie weit ich fahren durfte und wann es an der Zeit war, auch das Abblendlicht auszumachen. Dann noch zehn Minuten Fußmarsch, und ich hatte meinen Josef auf der Kanzel am Wegrand.
Unser Gehäuse war geräumig genug für zwei Personen und hatte Fensterchen nach allen vier Seiten. Auf dem breiten Sitzbrett machten wir spreizbeinig den Doppeladler und setzten uns Rücken an Rücken, um rundum alles beobachten zu können, sobald es hell genug dazu wurde. Das ist eine bewährte Methode mit einer nur fünfzigprozentigen Fehlerquote, und die ist auch nur dann so hoch, wenn einer der beiden einschläft.
Josef, lange Geschäftsreisen und kleine Feste gewöhnt, schlief nur selten wieder ein, wenn er einmal wach und auf den Beinen war. Das wußte ich und verließ mich auf eine lückenlose Beobachtung der ihm zugeteilten Sektoren, und als nun langsam ein kaltes erstes Dämmern aufkam und den Gebrauch der Gläser sinnvoll werden ließ, widmete ich mich unbesorgt meiner Hälfte. Und tatsächlich, kaum daß man von Schußlicht sprechen konnte, trat unser kümmerlicher Max aus dem Wald und stellte sich, neunzig Gänge weit, breit hin auf den Weg. Na also. Josef mußte nur das eine Bein über das Sitzbrett heben und konnte schon am Fensterchen auf meiner Seite anstreichen. Eine todsichere Sache. Für den armen Max.
»Josef!« sagte ich leise, »da steht er schon draußen. Auf meiner Seite. Dreh dich nur um. Er hält und ist ganz vertraut.«
Hinter meinem Rücken murmelte und brummelte es »Mmh« und »Mhmmja«, und Josef begann sich langsam zu regen, aber er nahm das Bein nicht über das Brett und drehte sich auch nicht um, und Max dort draußen wurde schon ein bißchen unruhig, und ich dachte ungehalten: Weiß Gott, was Josef nur treibt, warum dreht er sich nicht um, der ist doch noch jung, viel jünger als ich, der wird doch seine Knochen noch über das Sitzbrett schwingen können, und wenn er noch lange so weitermacht und zögert, wird Mäxchen über alle sieben Berge sein! Und da – blankes Entsetzen! – war mir doch wahrhaftig so, als hörte ich ganz leise einen Stecher klicken! Er wird doch nicht, dachte ich schaudernd, mit der eingestochenen Büchse sich herumdrehen und sie erst dann aus dem Fenster fädeln, nein, so etwas macht mein Josef doch nicht, nicht der Josef. Was hatte er denn dort so lange

herumzufuchteln bei seinem Fenster, wenn der Bock doch hier vor meiner Nase stand – und voll Zorn stieß ich ihn in die Rippen. Ja, und da half alles nichts, den Rippenstoß hielt er nicht aus, mein Josef mit dem Finger schon am eingestochenen Abzug, und der Schuß war draußen, irgendwo in der Landschaft, und der Max war natürlich weg.
Auf dem ganzen Weg zum Wagen stritten wir uns heftig. Warum er sich denn nicht zu mir und Max herumgedreht habe, sagte ich erbost. Warum in aller Welt ich ihn in die Rippen geboxt und den Max nicht in Ruhe habe schießen lassen, der sich da draußen vor seinem Fenster auf dem Acker gemütlich zum Einziehen angeschickt habe, fauchte er. Quatsch, sagte ich, der Max sei breit auf *meiner* Seite gestanden, auf dem Weg neben dem Wald, und bei solcher Minderwertigkeit des Wildbrets sei eine Verwechslung doch unmöglich. Selber Quatsch, maulte Josef zurück, auch wenn er Tiroler sei und in seinem Revier weit mehr Gams stehen habe als Rehe, so sei ihm dennoch zuzumuten, elf oder zwölf Kilo Wildbret und erbsenhohe Knöpfchen richtig anzusprechen.
Elf oder zwölf? Der, den ich Max getauft hatte, brachte mit Sicherheit keine elf auf die Waage.
Es gab also, an den Gedanken mußten wir uns erst gewöhnen, folgerichtig nach Wilhelm Busch neben Max auch einen Moritz, und wenn ich Josef nicht so ungeduldig in die Rippen gestoßen hätte, hätten wir jetzt doch wenigstens eines der beiden dürftigen Brüderchen, mit deren Mütterchen irgend etwas nicht stimmen konnte. Oder gab es einen anderen Grund? Wir hatten im frühen Herbst eine Geiß verloren, weit drunten an der Straße, fast zermanscht von einem schweren Lkw, und es waren uns fast die Tränen gekommen bei so viel blutroter Milch auf schmutziggrauem Asphalt. Aber Kitze, neugierig und entsetzt zugleich, waren keine in der Nähe der Mutter gestanden.
Das ist ja auch nicht immer der Fall.
Und beim ersten Ansitz, im windigen April, hatten wir den Bruder übersehen, man übersieht ja immer irgend etwas, vielleicht war er durch eine Bodenwelle gedeckt gewesen. Und auch ich hatte bei meinen Kontrollbesuchen den nur um weniges stärkeren Moritz nie in Anblick bekommen. Die Natur zeigt ja immer ein anderes Gesicht, niemals dasselbe, und der Mensch ist auch nicht immer gleich aufmerksam, einmal mehr, einmal weniger, und manchmal macht er auf dem Hochsitz sogar ein Nickerchen...
Da war also noch eine Nummer zwei, ein ebensolches Miniaturböckchen, und die beiden unterschieden sich offenbar nur darin,

daß Moritz um zwei oder drei traurige Kilo mehr wog und seine Knöpfchen um eine Erbsenbreite höher waren als die des Max. Zu diesem Endergebnis kamen wir aber erst gegen Abend nach sachlichem Disput, als beidseits der freundschaftliche Zorn schon verraucht war.

*

Nach so merkwürdig ans Schußlicht gekommener Nummer zwei gleich von Nummer drei zu sprechen erscheint gewagt. Man würde mich als den größten aller Lateiner bezeichnen, würde ich nun behaupten, Max und Moritz hätten noch ein weiteres Geschwisterchen gehabt, einen Drilling also, obwohl es das ja – aber doch sehr, sehr selten – auch beim Rehwild gibt. Nein, ein Geschwisterchen war es nicht. Doch in der Morgendämmerung dieses ersten Tages der Bockjagdzeit, in der uns auch die mit einem Salutschuß gefeierte Erkenntnis dämmerte, daß es neben Max auch einen Moritz gab, hatten wir ohne Zweifel *wieder* etwas übersehen. Wie schon im April und auch später. Doch es irrt und fehlt und übersieht der Mensch solange und seit er jagt, und das ist schon eine ganze Weile her, und es ist auch kein großes Malheur, wenn er es nur einsieht und zugibt. Wer Max allzu intensiv nach dem Leben trachtet, übersieht nur allzu leicht Moritz, und wer wie Josef sein Gesichtsfeld so sehr auf Moritz eingestellt hat, daß er glaubt, Moritz sei Max, übersieht mit größter Leichtigkeit die Nummer drei.
Grundvernünftig wäre es gewesen, rund um die Mittagszeit nochmals die Kanzel heimzusuchen, denn Max und Moritz, unerfahren, wärmebedürftig und hungrig, standen sicher auch untertags am Waldrand oder in den Feldern, um sich die Maiensonne auf die Decke scheinen zu lassen. Doch um die Mittagszeit lagen Josef und ich noch im Streit, der Fall war noch nicht ausdiskutiert und das am Vorabend geöffnete Faß noch zu drei Vierteln schwanger, obwohl eine ganze Reihe von grünen Zaungästen ungeniert auch in Josefs Abwesenheit schon versucht hatten, seinen Spiegel beträchtlich zu senken. Wozu aber unser Wirt Poldi, auf meine bissige Bemerkung hin, nur verständnislos den Kopf schüttelte. Wieso denn, meinte er, er fände absolut nichts Böses daran, denn schließlich sei das Fäßchen ja genau zu diesem Zweck gespendet und – vor allem! – schon bezahlt worden. Von seiner Seite aus sah er das sicher richtig. Wirt bleibt Wirt, und das ist ganz in Ordnung so, denn wenn das nicht so wäre, gäbe es keine gemütlichen Herbergen für hungrige und dürstende Jäger.

Zu Nummer drei kamen wir also erst beim Abendansitz. Diesmal, weil ja kein Einzug von draußen, sondern nur ein Auszug von drinnen zu erwarten war, hatten wir das Sitzbrett andersrum gedreht und saßen nun nebeneinander, beide mit Blickrichtung hin zum Waldrand, zum Feldweg und auf die hochsprießende Wintersaat. Und es sollte doch mit dem jagdlichen Satan zugehen, wenn sich in dieser milden Abendstunde weder Max noch Moritz blicken lassen würden. Sie ließen sich tatsächlich, diesmal gleichzeitig und zu zweit, daher leicht zu zählen, und das schon bei hellstem Tageslicht, wie es junge Stücke eben öfters tun. Aber sie zogen nicht auf den Weg heraus, sondern blieben diesmal im raumen Holz, ganz knapp an dessen Rand, und waren vielfach verdeckt von Ast und Strauch, wie dies an Waldrändern üblich zu sein pflegt. Und – ja war denn das möglich! – bei den beiden Schwächlingen stand ganz friedfertig ein dritter, normalgestalteter Bock, schon ziemlich rot, zweijährig, vielleicht gar dreijährig, wer weiß, nur Götter können das genau wissen, und Götter gibt es nur mehr wenige, sie werden immer mehr von den Wissenschaftlern verdrängt. Zwischen den Lauschern war nicht viel los, ein dünnes Sechsergeweih mit hoch angesetzten kurzen Endchen. Abschußbock also nur dann, wenn man ganz sicher ist, daß um die nächste Ecke herum gleichaltrige Bürschchen mit weit stärkeren Geweihen prahlen. Wenn nicht – Finger weg davon. Was unseren Neuling betraf, kam der Finger ohnedies nicht in Frage, denn der Umkehrschluß, daß neben ihm die schwachen Außenseiter standen, schied ihn selbst von vornherein von allen etwaigen Überlegungen aus. Und so beobachteten wir denn mit Spannung – der eilige Josef schon die Büchse aus dem Fenster ausgefahren, aber diesmal noch nicht eingestochen –, wie der junge Sechser die beiden Winzlinge zärtlich mit dem Windfang stupste und sie dann mit einer geradezu menschlich anmutenden Gebärde des Hauptes einlud, ihm zu folgen. Was sie auch gehorsam taten. (Wobei ich hier, in Klammern, nicht umhin kann, eine Bemerkung anzubringen, obwohl ich ganz genau weiß, wie wenig sie hierher paßt, weil sie so widerlich belehrend klingt: Nichts ist zum Verständnis des Wildes gefährlicher und irreführender, als sein Verhalten mit unseren Augen zu sehen, es zu vermenschlichen.)
Der junge Sechserbock hieß bei uns bald Pfadfinder oder auch Vorarbeiter, denn im Laufe des Sommers wurde er mehrmals dabei beobachtet, wie er die beiden Knopfkinder führte und betreute wie eine Geiß, die ihre Kinder führt und betreut. Stets war er voran, und stets folgten ihm seine Schützlinge auf möglichst sicheren Pfaden, die er mit großer

Umsicht wählte und fand. Ein Pfadfinderbock also, ein Rehbock mit rehgeißlichen Instinkten, die ihn nur kurzfristig im Stich ließen, in der Brunft nämlich, da war das Trio zersprengt, und nachher fand es wieder zusammen. Ich habe die Seltsamkeit von den drei Rehböcken, die fast ein halbes Jahr lang miteinander gingen wie eine Altgeiß mit zwei Kitzen, nur einem vorsichtig ausgewählten Personenkreis zu erzählen gewagt; mit Bedacht keinen Spöttern oder Experten – spätestens seit Tschernobyl habe ich Angst vor Experten –, nein, nur ernst zu nehmenden Leuten, bei denen ich mit ein wenig Verständnis rechnen durfte. Und auch unter diesen gab es einige, die die Stirn kräuselten und mich forschend von der Seite her anblickten. Obwohl doch Josef, wenigstens was diesen ersten Abend betraf, als Zeuge hätte dienen können. Aber Josef war unterdessen schon verreist, auf einer sehr lange dauernden Reise, und als er im Spätherbst erst wiederkam, da war die Geschichte von Max und Moritz – endlich! – schon zu Ende geschrieben.

Aus diesem Vorgriff auf die Zukunft muß der scharfsinnige Leser, Übles ahnend, schon erraten, daß wir auch an diesem ersten Abend des ersten Tages der Jagd auf Max und Moritz weder den einen noch den anderen zur Strecke brachten. Was soll's, es muß gebeichtet werden: »Den Max oder den Moritz, ganz egal«, flüsterte ich dem eiligen Josef zu, der eilig die Büchse entsicherte und flink einstach, endlos immer wieder zielte und nicht schoß, nur hastig atmete und zwischendurch mit zusammengebissenen Zähnen ein wenig »Teifi, Teifi!« fluchte.

Zu seiner Rechtfertigung ist manches zu sagen. Da zogen nun drei Rehböcke hintereinander ihre Fährte – fast ist man versucht zu sagen: im Gänsemarsch –, einer im Trittsiegel des anderen, voran der Pfadfinder, der Vorarbeiter, dann Moritz, dann Mäxchen. Aber die Prozession verlief nicht, wie schon erwähnt, draußen am Feld, sondern eben drinnen im Wald, nicht weit zwar, aber dennoch weit genug drinnen, daß ständig, ob nun bei Max oder Moritz, entweder Blatt oder Träger ein wenig verdeckt waren, nur sekundenlang hinter dem Strauchwerk hervorblitzten, dann wieder verschwanden, um sich an anderer Stelle wieder für Sekunden frei anzubieten.

Josef ist zu loben, daß er nicht schoß. Sein Zögern (und Fluchen) erwies ihn als den Waidmann, der mit *seinem* Wild aufwächst. *Aber eben mit dem seinen.* Josef war die Weite gewöhnt, die stillen kahlen Kare und Wände oder die weniger steilen Almböden, wo das Wild entweder gerade da ist oder nicht, und wenn es da ist und man auf einigermaßen gerechte Entfernung herankommt, verlangt es fast immer den weiten Schuß. Wo ich in Josefs Revier längst Mut und Büchse sinken lasse, da langt er noch ohne Zögern hin und ist sich seines Schusses sicher.

Wir Waldgeister *sind* anders und *kennen es* nicht anders: Ist's mehr als hundertfünfzig Meter – und da ist das Blatt eines Rehs oder gar der Kern eines Fuchses schon verflixt klein im Zielfernrohr –, verschieben wir den Schuß schon allzu gern auf übermorgen, beim Raubwild vielleicht weniger gern, beim Rehwild aber um so lieber. Wir alle, und mögen wir uns auch noch so treffsicher gebärden oder auch fühlen, haben Angst vor dem Anschweißen. Die Guten unter uns aus Sorge um das Wild, die weniger Braven wahrscheinlich deshalb, weil sie Müh' und Plage der Nachsuche scheuen. Nur die ganz Miesen, die Schinder, die es leider auch unter uns gibt, viel weniger zwar an der Zahl, als man es uns unverständig nachsagt – die kennen diese Sorge nicht. Denen ist so ziemlich alles egal. Das sind die, die den Dschungel des Alltags, in dem sie offenbar leben müssen, mit herüber nehmen in die Jagd, die heute nicht mehr im Dschungel stattfindet. Aber das haben sie noch nicht begriffen. Sie wissen es nicht, und wir anderen leiden unter all dem, was sie unwissend anrichten.

Wir Jäger aus dem flachen Land oder bis hinauf ins noch bewaldete Mittelgebirge sind fast alle, so meine ich, gegenüber denen aus dem Hochgebirge ein wenig zurückhaltender, schußscheuer fast, weil wir nicht unbedingt – freilich je nach Charakter – die Chance hier und jetzt voll ausschöpfen müssen. Den krieg ich schon noch, denken wir, es muß ja nicht heute sein. Im reich gegliederten Gelände bieten sich die Chancen öfters. Wir brauchen nicht – und es fiele uns auch gar nicht ein! – einen zusätzlichen schweißtreibenden Umweg und Anstieg von, nur als Beispiel, drei Stunden in Kauf zu nehmen, um im weithin überschaubaren Gebiet mit gutem Wind an ein Rudel Gams heranzukommen. Aber sind wir in unserem verdeckten Gelände nahe genug beim Wild, da zählen wir uns zwei und zwei zusammen, da reicht es schon, wenn nach vorherigem Ansprechen plötzlich nur mehr das Blatt frei ist oder der Trägeransatz und Atem und Hand die genügende Ruhe aufweisen. Und es ist ja auch durchaus nicht unwaidmännisch, nicht den Regeln widersprechend, die wir uns, mit dem Begriff »Waidgerechtigkeit« umschrieben, selbst zum Gesetz gemacht haben: Aufs Blatt zu schießen ist nicht verboten, selbst wenn *nur dieses* frei und der übrige Wildkörper verdeckt ist. *Aber man muß wissen, genau wissen, daß ebendieses Fleckchen Rot, das dort hinter dem Strauch hervorleuchtet, auch tatsächlich das Blatt ist.*

Weiß man es nicht genau und läßt dennoch unbedenklich fliegen, ist man ein Lump.
Max und Moritz hatten das Glück gehabt, an einen geraten zu sein, dem ich bei weitem Schuß droben im Gebirge nicht das Wasser reichen kann, der aber die Übung nicht besaß, ein paar Gramm Blei mit Stahl- oder Tombakmantel geschickt durch die Lücken des Unterholzes hindurchzuschwindeln ...
Die beiden bösen Buben traten nicht mehr aus an diesem Abend, der Pfadfinder hatte ihnen anderes empfohlen, und wir beide wanderten in der Dunkelheit zum Wagen, diesmal ganz ohne Streitgespräche.
»Hascht scho recht g'habt«, versuchte ich Josef zu imitieren, was mir aber niemals so recht gelang. »Was nicht geht, kann man auch nicht fahren. Wenn du in vierzehn Tagen wiederkommst, probieren wir es noch einmal mit Max und Moritz. Und dann wird es aber langsam Zeit, daß du dich um einen Guten umsiehst.«
In der zweiten Maihälfte sind die Tage schon sehr lang und die Nächte kurz, und wenn wir uns am Morgen wiederum mit Max und Moritz befassen wollten, blieb an diesem Abend nur mehr wenig Zeit, sich mit dem Faß zu befassen, und überdies klingelte gegen elf das Telefon, Lore war am Apparat, Josefs junge, hübsche Frau, und sie wußte, daß man ihn um diese Zeit am besten in der »Krone« erreichte. Dieser Anruf veränderte zwar nicht die Welt, aber dennoch unseren gesamten Bocksommer, denn es ging um wichtige Dinge, Dinge mit etlichen Nullen hintendran, und da kommt die Jägerei allemal ins Hintertreffen. Man muß sich schon mit der freilich zweideutigen Feststellung abfinden, daß diese Welt von Nullen regiert wird. Manchmal sind sie vornedran. Wenn sie hintendran sind, ist es weniger schlimm, denn da geht es nur ums Geld.
Josef packte noch mitternächtlich seine Siebensachen und brauste wieder einmal eilig in die Nacht hinein, heim ins heilige Land Tirol, und andertags saß er schon im Jet und flog so ungefähr auf die andere Seite der Welt. Im Geschäftsleben nennt man das nach wie vor eine Geschäftsreise, aber im Hintergrund stehen so häßliche Worte wie Innovation, Investition und Expansion, die aus dem heutigen Neudeutsch auszumerzen nicht einmal den vernünftigsten Sprachreformern gelingt.
Ich blieb allein zurück und wußte nicht, wie lange seine Abwesenheit dauern würde, ahnte nicht, daß bei unserem Wiedersehen die Jagdzeit auf Max und Moritz schon zu Ende sein würde. Zu meiner eigenen Schande muß ich sagen: Ich vergaß die beiden Brüderchen fast. Vor

allem wegen der Aussichtslosigkeit, ihrer habhaft zu werden, denn die Halmfrucht stand nun schon sehr hoch, und der um ein oder zwei Jahre ältere Pfadfinder hatte seinen Schützlingen sicher die wogende Gerste als Aufenthalt geraten, statt sich am Waldrand oder sonstwo der Kugel irgendeines Jägers auszusetzen. Außerdem war da ja auch noch das tägliche Brot zu verdienen, man konnte ja nicht von morgens bis abends ans Jagen denken, und so vergingen die Wochen, eine nach der anderen. Die Rehbrunft kam und ging, und ehe man sich's versah, waren die Äcker leer und schon wieder gestürzt. Da kam mir mein seltsames Dreigespann wieder in den Sinn, das in der Zwischenzeit auch schon anderen Jägern in Anblick gekommen war – meist viel zu weit zum Schuß, aber meine Ehre war wiederhergestellt, man glaubte mir nun.

Nicht nur das. Es wuchsen nun auch jahreszeitlich wieder die Chancen, die beiden Knopfböckchen vor die Büchse zu bekommen. Erlegt hatte man sie noch nicht, leider. Das Revier war zwar ziemlich groß, aber bei den Pächterbesprechungen hätte ich davon erfahren müssen oder doch wenigstens sollen. Die Aussichten, daß die beiden nach der Brunft wieder ihren alten Einstand bezogen hatten, waren gar nicht so gering – und auch Josef hatte sich schon nach ihnen erkundigt. Nein, sagte er putzmunter am Telefon um etwa zwei Uhr morgens, die Zeitverschiebung ganz vergessend, er käme frühestens im Oktober, mit den Rehböcken sei es nun leider überhaupt nichts geworden in diesem Jahr, weder mit Max noch Moritz noch mit dem wirklich guten Bock, den er hätte erlegen dürfen, und ab November solle ich mich bereithalten zur Fahrt nach Tirol. Wenn er auch dazu verurteilt sei, hier am anderen Ende der Welt bis Oktober auszuharren, so wisse er dennoch per Telefon, daß auch in diesem Jahr ein guter Bartgams für mich bereitstehe. Ihn auch tatsächlich zu treffen, ja, das allerdings könne er mir nicht abnehmen, das müsse ich mit Hubertus' Hilfe schon selbst erledigen.

Nur so viel über den eiligen Josef, die andere Welthälfte und den für mich vorgemerkten Gams. Der November war noch weit, gar nicht so weit hingegen der letzte Tag der Jagdzeit auf Max und Moritz, und so probierte ich es eben wieder. Einige Male saß ich umsonst in der Kanzel am Wegrand, aber dann, an einem milden Abend Ende September kam Max im allerletzten Licht – er hatte dazugelernt! – aus dem Wald heraus, auf dem alten Wechsel, er stellte sich brav hin, breit, steif wie ein Denkmal, nicht viel weiter als damals im April. Es war, als erwarte er meine Kugel, und er bekam sie auch.

Von bösen Folgen habe ich erzählt zu Beginn dieses Berichts, den man, was den Zeitablauf betrifft, fast einen Jahresbericht nennen könnte, wäre man so geschäftig wie Josef mit seinen Geschäftsberichten und Jahresbilanzen, und zur Bilanz der Erzählung gehört schließlich auch das Schicksal des anderen Stiefkinds der Natur: Von Moritz hat kein Mensch je wieder eine Granne erblickt, vielleicht war er des leidvollen, kranken Lebens müde geworden und irgendwo im dunklen Einstand dahingegangen, eingegangen, von den Füchsen verschleppt, als sei er nie gewesen. (Wenn ich mich recht erinnere, läßt unsere Waidmannssprache das Wort »eingehen« zu, wenn das Sterben nicht von der Kugel des Jägers kam und – solcherart ordentlich klassifiziert – zum nobleren »Verenden« wurde. Es hat aber Zeiten gegeben, da machte man nicht einmal beim Menschen so feine Unterschiede...)
Und Max?
Nach der von jagdlicher Vorsicht und menschlichem Anstandsgefühl ebenso wie vom Abklingen der Anspannung geforderten Zigarettenpause stieg ich zufrieden und behäbig die Leiter herunter, um ihn zu holen. Weiß der Kuckuck, warum mir gerade jetzt Josefs Hochgebirgsrevier und »die Nase« einfielen, kurz bevor ich den sicheren Erdboden erreichte. Vielleicht eben wegen der Sicherheit, denn »die Nase« in Josefs stolzen Höhen war alles andere als sicher: ein halbmeterbreiter Steig um eine steile Felsnase herum, links jäh hinunter, rechts jäh hinauf. Es war, genaugenommen, die einzige Gefahrenstelle auf der Pirsch hinauf ins Siebenerkar, und tatsächlich gefährlich waren davon auch nur gezählte zwanzig Schrittchen, dann war es schon wieder vorbei. Aber als ich »die Nase« noch nicht auswendig kannte, ging mir dort auf zwanzig Schrittchen der Puls zwanzigmal schneller. Vor ein paar Jahren hat Josef dort ein Drahtseil anbringen lassen. Nun rostet es langsam vor sich hin, und wer nicht hinuntersehen kann oder will, der wendet Bauch und Blick eben dem Felsen zu und hantelt sich an dem Drahtseil den kleinen Engpaß entlang.
Ach, wie bequem und sicher sind dagegen unsere stabilen Kanzelleitern! Sollte man meinen. Noch ganz in Gedanken an Josefs gefährliche Nase radierte ich mit der meinen schon schmerzlich über die Leiter bergab, denn eine Sprosse war gebrochen – gottlob die unterste, nicht eine der oberen. Es war nun schon sehr finster, die Sterne waren zwar noch nicht aufgegangen, aber ich sah sie trotzdem. Ich sprühte noch immer Blut aus meiner ansonst doch gar nicht gefährlichen Nase, als ich mich zu meinem Mäxchen beugte, der den Sommer über kaum ein Kilo zugenommen hatte. Beim Aufbrechen fühlte ich schon, ohne

sie zu sehen, die Knoten des massiven Lungenwurmbefalls. Armes Kerlchen, dachte ich und schnitt mich auch noch in den Finger. Nun waren wir unwiderruflich Blutsbrüder. Meine Frau schrie vor Entsetzen über meinen Anblick, als sie mich – blutüberströmt und schweißig zugleich – zur Tür hereinkommen sah, und ich hängte die Büchse vor Schreck über ihren Schreck nicht *an* den Kleiderhaken in der Diele, sondern *neben* den Haken, und sie polterte der Länge nach, mittendrauf aufs Fernrohr, über die Fliesen. Natürlich war die Montage verschlagen, wie sich bald genug herausstellte.

Nun wird vielleicht einer sagen, diese Häufung von Unglücksfällen sei mindestens ebenso unglaubwürdig wie die Story vom »führenden« Bock, und wenn schon nicht unglaubwürdig, dann doch zumindest ein Anzeichen äußerster Tolpatschigkeit. Mir persönlich ist es zwar gleich, was die Leute so daherreden. Aber ich merke ja doch, daß ich nervös werde, wenn meine Enkelkinder mir zumuten, ich solle ihnen aus »Max und Moritz« vorlesen . . .

Unser Ehrengast aus den Bergen

Von Josef, dem eiligen Tiroler, der mich auf so abenteuerliche internationale Weise mitten in der Schweiz mit seinem teuren Wagen von hinten anbumste, war soeben die Rede, ja? Es muß noch ein- oder zweimal von ihm die Rede sein. Man kann es nicht umgehen, selbst wenn man wollte, denn Josef ist ein jagdliches Unikum, das der Nachwelt wenigstens auf dem Papier erhalten bleiben sollte.
Über Josef und mich gäbe es eine Menge zu erzählen. Ich möchte nicht, daß *alles* erzählt wird, drum erzähle ich das, was erzählt werden darf, lieber selber. Dazu gehört auch die Auflistung unserer persönlichen Verhältnisse, denn wir beide sind sehr, sehr verschieden.
Josef ist deutlich jünger als ich und hat daher, wie es sich gehört, auch eine jüngere Frau als ich. Lore heißt sie. Aber es ist schon seine zweite, während ich als älterer immer noch bei meiner ersten bin. Das ist schon einmal eine große Verschiedenheit. Es gibt noch eine ganze Reihe weiterer Verschiedenheiten. Josef ist bei aller Gutmütigkeit manchmal ein wenig hitzig, während ich eher bedächtig zu nennen bin. Er ist ein gut betuchter Mann, wie man so zu sagen pflegt, hat im Unterland ein schönes Haus und im Revier ein kleines, bescheidenes Jagdhüttchen für zwölf Personen, mittendrin in seiner Eigenjagd, während ich zur Miete wohne und mich mit Müh und Not an einer Niederwildjagd beteiligen kann, mit einer paar Rehen und Hasen drin. Den alljährlichen einen und einzigen Hirsch, der für den gesamten Hegering freigegeben wird, haben wir nur bei der Trophäenschau im Anblick, denn fast immer fällt er bei einem der Nachbarn, der uns dann hinterlistig-freundlich zu einem Umtrunk einlädt, damit wir ihn und den Hirsch auch gebührend bestaunen und uns mächtig ärgern. Bei Josef aber sieht es noch recht gut aus mit dem Rotwild in den mittleren Höhenlagen. Natürlich ist es auch nicht mehr das, was es einmal war, das ist vorbei. Die Gams aber stehen reihenweise droben im Fels herum, nur mit den Rehböcken ist merkwürdigerweise nicht viel los –

die guten, von Max und Moritz ganz abgesehen, schießt er deshalb alljährlich bei mir.

Noch nicht genug der Unterschiede. Josef fährt einen dicken Wagen vom Haus im Unterland bis zum Haus im Revier, und hinter dem Haus, wo es steil wird, fährt er einen Unimog. Wo dann der Unimog auch aufgibt, fährt er zu Fuß aufwärts, und zwar so schnell, daß ich ihm nie folgen kann und mir die Puste ausgeht. Ich aber fahre die Sparversion einer billigen Marke, einen alten Kombi, und zwar vor dem Haus und hinter dem Haus und draußen auf den rumpeligen Revierwegen. Maria, das ist die Meinige, meint, daß ich mir auch den bald nicht mehr würde leisten können, wenn der Benzinpreis wieder einmal einen übermütigen Sprung nach oben macht. Aber Maria ist eine Pessimistin.

Noch mehr Unterschiede: Josef blickt bei aller Freundschaft ein wenig nachsichtig auf uns Niederwildjäger und Furchenscheißer herab, und ich blicke andächtig zu seinem Berg hinauf und zu seinen Trophäen, die schon in der Diele des Jagdschlößchens das Licht des Kristallüsters verdunkeln. Josef hat daheim einen überaus edlen, ahnenstolzen BGS-Rüden, der noch nie in seinem wohlbehüteten Hundeleben einen Hasen gesehen hat, und ich hab nur eine Deutsch-Kurzhaar-Hündin. Reinrassig ist sie zwar auch, aber Papiere hat sie leider keine. Das ist das traurige Schicksal eines verschenkten Zwölflings. Sie hat zwar schon etliche Hasen gesehen und gebracht in ihrem ganz durchschnittlichen Hundeleben, auch auf Schweiß arbeitet sie recht brav und zuverlässig, wenn man ihr die leichte Feldleine gewährt anstatt schwerer Schweißleine und Schweißhalsung, aber auf der Rotfährte hinter einem Gams her, ganz droben im Siebenerkar, wo es so eklig steil und steinig wird, möcht' ich sie nicht unbedingt erleben müssen, nur in Notfällen würde ich das riskieren.

Josef und ich. Da könnte man stundenlang so weitermachen und wäre doch mit den Verschiedenheiten noch nicht fertig. Aber auch eine Gemeinsamkeit muß man noch erläutern, ein gemeinsames Schicksal: Daß wir beide verheiratet sind, wurde schon erwähnt. Daß die beiden Damen sich – trotz des Altersunterschiedes – so wie ihre Männer gut verstehen, wurde noch nicht erwähnt. Sie sind nahezu Freundinnen. Das ist manchmal sehr unpraktisch, denn wenn wir, was selten vorkommt, zu viert beisammen sind, wird gewispert, und die eine tratscht der anderen alles ins willig geöffnete Öhrchen.

Lore versteht eine ganze Menge vom Schalenwild. Den Tirolerinnen wird das angeblich mit in die Wiege gelegt. Maria versteht vom Jagen

so gut wie nichts. Das ist manchmal sehr praktisch und wird nur dann gefährlich, wenn sie einmal etwas herausplappert mit ihrem freundlichen Schnäuzchen, was hätte drinnenbleiben sollen.
Wie man sieht, könnte man auch die Unterschiede zwischen Lore und Maria näher herausarbeiten, aber dazu ist hier weder Platz noch Notwendigkeit gegeben. Wir müssen zum traurigen Thema kommen.

*

Ich saß ziemlich trübsinnig bei unserem Gastwirt Poldi in der »Krone«, und zwar dort, wo ich hingehörte, in der Jägerecke. Der Geschäftsgang ließ zu wünschen übrig, denn es war zwischen eins und drei am frühen Nachmittag, und da sind die einen, die Braven, längst aus dem Wirtshaus heraus und die anderen, die Schlimmen, noch nicht schon wieder drinnen. Poldi setzte sich daher zu mir, und wir besprachen das bevorstehende große Ereignis: Am kommenden Sonntag sollte die allherbstliche festliche Treibjagd stattfinden, das einmalige Bejagen eines etwa Zweidrittelanteils unserer Revierfläche, wobei man ausschließlich Hasen und Fasanen und allfällig dem bösen Fuchs nach dem Leben trachtete und beim letzten Treiben, beim Schüsseltreiben in Poldis »Krone«, sein allerletztes Pulver verschoß.
Nun gehört hier zum besseren Verständnis angemerkt, daß Josef damals bei uns noch nicht so sehr zu Hause war wie zu Zeiten von »Max und Moritz«, daß unser völkerverbindendes Zusammentreffen in der Schweiz erst vor einem Jahr stattgefunden hatte, meine Mitpächter ihn noch nicht sehr gut kannten und er auch sein Quartier unter dem Dach der steinalten Witwe noch nicht bezogen hatte, sondern fallweise bei mir im Gästezimmer sein Lager aufschlug. Aus solcher Sicht wird begreiflich, daß ich Leopold, der alljährlich das Ereignis der Saison verantwortlich leitete, davon in Kenntnis setzte, daß ich Josef zu dieser Jagd einzuladen gedachte.
»Mach, was du willst«, brummelte er übellaunig. »Aber hintendrauf fahren darf er mir nicht, der Kerl!«
»So ein Wandertag über die weichen Äcker wird ihm guttun«, sagte ich und ging zum Telefon. Ich erreichte ihn sogar, aber wenn ich geglaubt hatte, ihm eine ganz besondere Freude zu machen, so sah ich mich getäuscht. Er schien fürs erste gar nicht begeistert, jammerte über den weiten Weg (der ihm nichts ausmachte, wenn Bockjagdzeit war), bei ihm stünde die Gamsbrunft vor der Tür und ob nicht lieber ich zu ihm kommen wolle anstatt er zu mir, ja, und das wichtigste, er besitze ja

nicht einmal eine Flinte, habe so ein Ding erst drei- oder viermal auf dem Schießstand in der Hand gehabt – uff, Atempause! –, und schließlich wolle er nicht schon wieder Maria Schwierigkeiten machen mit dem Gästezimmer, und das Übernachten im Hotel sei so teuer, und Lore würde weinen, wenn er sie schon wieder einmal allein ließe, und überhaupt und so weiter – dann ging ihm endlich die Luft aus.

Das hat man schon gern als Jagdpächter, wenn man einem Menschen eine Freude machen will und dann so etwas mit anhören muß, solch fadenscheiniges Gerede. Aber der Einfall, Josef bei unserer Jagd dabeizuhaben, hatte sich bei mir schon festgehakt. Ich versuchte ihn zu überreden, versprach ihm das lebenslang unvergeßliche Ereignis, daß er unter Garantie einem Hasen von Angesicht zu Angesicht begegnen würde und ihn sogar schießen dürfe, mit der von mir geliehenen Flinte – und da sagte er endlich zu. Mir zuliebe.

Am Abend vor dem großen Tag kam er dann wirklich, und die Kinder liefen zusammen in unserem bescheidenen Dörfchen, weil sie noch nie einen so mächtigen Gamsbart am Hut eines vernünftigen, erwachsenen Mannes gesehen hatten, und noch nie so einen dicken, teuren Wagen, der seinen Weg offenbar alleine fand, ohne Lenker, weil man durch die raffiniert rauchgrau getönten Fenster zwar heraus, aber niemals neugierig hineinschauen konnte. Wir Pächter erwarteten ihn ebenfalls, nicht viel weniger neugierig als die Kinder, aber wir liefen nicht auf dem Dorfplatz zusammen, sondern verbargen uns hinter den Gardinen der »Krone« und drückten uns die Nasen an den Fensterscheiben platt. Ganz besonders diejenigen meiner Mitpächter, die ihn damals erst vom Hörensagen kannten. Und gleich fragten sie mich, ob der da draußen, der da eben dem Wagenmonster entstieg, wirklich mein Freund sei, derjenige, der mir auf der Autobahn in der Schweiz so übel mitgespielt habe und in dessen Gamsrevier ich nun jagen dürfe. »Ja«, sagte ich, »das ist er, genau, und drei oder vier große Berge gehören ihm, vielleicht sind es mehr, er zählt sie nicht jeden Tag, und zu Hause hält er sich einen Butler, der ihm jeden Morgen zum Frühstück einen Hirsch aufbricht. Mit blütenweißen Handschuhen...«

Da glotzten sie aber und waren schüchtern und begrüßten Josef ehrfurchtsvoll, der nun zur Tür hereinkam und von mir vorgestellt wurde. Poldi gab gleich eine Runde aus, denn Gastwirte mögen es nicht, wenn die Stimmung unter Schüchternheit leidet, eine Runde Enzian, so zumindest stand es auf der Flasche, aber der Josef, sagte er, werde wohl einen besseren zu Hause haben, das sei zu vermuten, ganz ohne Chemie.

Wir tranken einander ein »Waidmannsheil!« zu, auch Josef nippte mit vorsichtig hochgezogenen Augenbrauen, und dann sagte er höflich, gar so schlecht sei das Zeugs doch wirklich nicht, und die nächste Runde bestellte schon er, womit Poldis Konzept gegen die Schüchternheit schon aufgegangen war. Nachdem wir auch diese Runde hinter uns hatten, meinte Josef zu mir: »Jetzt müssen wir aber zu Maria, die wird schon warten.« Ich aber beruhigte ihn und sagte, ein wenig hätten wir schon noch Zeit, Maria müsse ohnedies noch das Gästezimmer für ihn zurechtmachen, und gar so wild sei sie ja schließlich auch nicht auf ihn, daß sie ihn nicht mehr erwarten könne. Draufhin spendierte Josef noch eine Runde, und nach einem halben Stündchen war jede Schüchternheit ausgeräumt, und alle meine Mitpächter und Freunde wußten, daß der Josef ein prima Kerl war und zu Hause gar keinen Butler hatte. Wir unterhielten uns sehr angeregt, aber Josef meinte zwischendurch mehrmals, daß Maria nun ja doch schon warten würde und wir doch besser gehen sollten, um häuslichen Zwist zu vermeiden. Aber wir überstimmten ihn, denn nun hatte Poldi der Ehrgeiz des guten Gastwirts gepackt: Er kam mit den kleinen Probiergläschen daher, mit denen die Fachleute die guten Jahrgänge verkosten, und einige hervorragende Sorten hatte er im Keller, das mußte man ihm lassen. Wir probierten uns mittenhindurch und benahmen uns ganz so, als gehörte Poldis Gaststätte ganz allein uns. Hin und wieder mußte Poldi freilich auch nach seinen anderen Gästen sehen. Außer uns waren nämlich jetzt auch noch ein paar Bauern da, die ungeniert über unseren Bürgermeister herzogen, der wieder einmal dieses oder jenes falsch gemacht hatte. Wir kümmerten uns nicht darum, wir hatten andere Sorgen. Morgen war die große Jagd, und da gab es noch viel zu besprechen. Vormittags drei große Kessel, nachmittags dann noch zwei kleinere. O weh. Hoffentlich fanden sich auch alle die Treiber ein, die zu kommen versprochen hatten, und einer von uns, irgendeiner, mußte ja auch noch die weißen Fahnen hissen in aller Frühe.
Josef hörte uns andächtig zu, denn von diesen Dingen verstand er nicht sehr viel. Als das Thema dann erschöpft war, fiel irgendwann und von irgendwem unvorsichtigerweise das Wort »Hirsch«, und da kam Josef wieder in Fahrt. Er bestellte ein paar schlanke Fläschchen von der drittletzten Probe, ließ sie öffnen und war nun selbst wieder dran mit dem Erzählen, denn von Hirschen verstand er etwas. Wir hier drunten sind ja arme Kümmerlinge und verstehen nichts davon, haben keine Ahnung. Meint Josef. Und weil ich das alles schon kannte, was Josef meinen Freunden erzählte – es war nichts Neues darunter –, drehte

ich mich um und wollte zum Zeitvertreib aus dem Fenster sehen, und da packte mich der Schreck. Es war schon stockfinster.

»Komm, Josef«, sagte ich beklommen, »wir müssen zu Maria, die wird schon warten!« Aber Josef meinte, daß die sicher noch mit dem Gästezimmer beschäftigt sei und nicht gar so wild darauf, ihn gleich und auf der Stelle zu sehen, und was ihn persönlich betreffe, er müsse nun unbedingt auch noch den Roten vom Poldi probieren und die Geschichte vom Unterhosenhirsch zu Ende erzählen. Er war um alles in der Welt nicht mehr loszueisen, und dabei war doch die Geschichte vom Unterhosenhirsch schon in jeder Jagdzeitschrift gestanden, und kein Mensch glaubte sie ihm, der auch nur ein bißchen auf sich hielt.

Als wir schließlich doch bei mir zu Hause ankamen, war es ziemlich spät, und Maria machte schwefelgelbe Augen und fragte, ob denn das wirklich notwendig gewesen sei. Josef und ich waren der Meinung, ja, gewiß, die Begrüßung eines seltenen, von weither angereisten Jagdgastes sei doch immer notwendig und gehöre zu den guten jagdlichen Sitten. Doch Maria sagte eigensinnig nur »Bah!« und verweigerte Josef den Bruderkuß auf die Wange. Sie zeigte nur mit ausgestreckter Hand auf den nett aufgeputzten Tisch mit Kerzenleuchtern, kunstvoll gefalteten Servietten und so, mit den Blumen in der Vase und dem längst verbrutzelten Abendessen.

Auch Myra – bei uns heißen fast alle Jagdhündinnen Myra oder Cora, wir haben da nicht viel Phantasie beim Ersinnen von Rufnamen, aber apportieren müssen sie können! – benahm sich heute höchst merkwürdig. Zuerst wollte sie Josef zur Begrüßung voll Freude anspringen, wie es strikt verboten ist, schon setzte sie an zum Sprung, mit einem freudigen Gewinsel, doch dann bekam sie Josef voll in den Wind, und der Hauch, der von ihm ausging, gefiel ihr gar nicht. Beleidigt machte sie kehrt und klemmte die Stummelrute ein.

»Komm, Josef, jetzt mußt du etwas essen«, sagte ich. »Morgen brauchst du Kraft.« Wir setzten uns zu Tisch. Auch Maria, obwohl sie natürlich längst gegessen hatte. Sie wollte kein Unmensch sein und zeigte sich versöhnlich, obwohl es im Hintergrund noch immer heftig wetterleuchtete. Josef schlang und schlang und erzählte mit vollem Mund von seinen neuen Freunden. »Hätt' ich nie im Leben gedacht«, knautschte er, »daß es hier herunten so nette Leute gibt!«

»Er wird doch nicht den Poldi meinen?« argwöhnte Maria. Aber genau den meinte er. Sie schüttelte den Kopf. »Der Poldi und nett!« sagte sie spitz und wiederholte: »Nett!« Und dann wandte sie sich an mich und sagte kurz: »Leg ihn schlafen!« Eigentlich hätte ich Josef noch als Niederwildjäger ausrüsten wollen, doch sie hatte recht. Wie fast immer. Jetzt sollte er sich erst mal richtig ausschlafen. Die kleinen Probiergläschen waren ihm nicht bekommen. Morgen würde er büßen müssen.

*

Weit gefehlt! Am Morgen war er wieder voll da und frischer als ich. Nach einem ausgiebigen Frühstück schleppte ich ihn vor meinen Waffenschrank. Es standen nur ein paar bescheidene Stücke darin, grad eben, was man so braucht als Durchschnittsmensch und Durchschnittsjäger, kein so teures Arsenal wie bei ihm zu Hause. Mich frißt jedesmal der Neid, wenn ich dran denke! Nur Flinte hatte er keine.
»Willst du die Zwölfer oder die Sechzehner?« fragte ich. Es war ihm egal. Die eine war ihm so verdächtig wie die andere. Ich gab ihm die Zwölfer, denn mir fiel der alte Aberglaube ein, man träfe damit besser, weil die schwere Kanone ein paar Körnchen mehr ausspuckt. Daß ich nicht lache! Dann schnallte ich ihm noch zwei Gurte um den Bauch und stopfte ihm auch noch Patronen in jede Tasche. Nun sah er tatsächlich wie ein richtiger Niederwildjäger aus. Myra tanzte schon die längste Zeit ganz aufgeregt um uns herum und konnte es nicht erwarten, ihm die zahllosen Hasen zu apportieren, die er schießen würde. Maria winkte uns mit verkniffenem Gesicht nach, als wir drei tatendurstig hinaustraten in den klaren Morgen. In der Nacht hatten wir wieder Minusgrade gehabt, die Äcker waren hartgefroren, das bedeutete lockere Hasen.
Josef staunte nicht schlecht über den Aufwand, den wir bescheidenen Leute an so einem Jagdtag treiben. Auf der Dorfstraße wimmelte es, alt und jung, wer auch immer noch halbwegs laufen konnte, eilte herbei, mit einem derben Stock bewaffnet, denn dieser Jagdtag war so eine Art Volksfest für das ganze Dorf. Vor Poldis Etablissement ballte sich die Menge, dort war das Zentrum des organisierten Chaos. Eine Traktorenflotte stand bereit, die Anhänger waren zum Teil als Mannschafts-, zum anderen Teil als Wildwagen umfunktioniert. (Spätestens jetzt muß der erfahrene Leser bemerken, daß das geschilderte Ereignis schon viele Jahre zurückliegt. Heutzutage muß man die Jagdhelfer umschmeicheln und ihre so wichtige Mitarbeit mit vielerlei Verlockungen gewinnen. Auch die Wildwagen sind mangels Bedarf nicht mehr so zahlreich, aber die wenigen, die es noch gibt, dürfen ohne zu poltern über betonierte oder doch wenigstens asphaltierte Feldwege rollen. Doch dies nur nebenbei.)

Josef kam aus dem Staunen nicht heraus. Drinnen in der großen Gaststube sah man vor Rauch nicht von einer Wand zur anderen, die Frühstücker schrien »Zahlen!«, und Poldi, selbst schon den Gurt um den Bauch, schwitzte beim Abkassieren, denn draußen auf dem Dorfplatz formierten sich bereits die Jagdhornbläser, die Jäger drängten zum Ausgang, andere aber wollten noch herein, weil sie meinten, die Zeit reiche schon noch für einen kleinen Schluck, Flintenläufe klapperten aneinander, Hunde keiften, und schon ging es »Klirr!« – eine Glasscheibe der Eingangstür war im Eimer. Vorsicht, Leute, Scherben! Rasch fort damit, und eine Minute später war sie nicht nur sprichwörtlich, sondern tatsächlich im Eimer. Dem Poldi war es vorläufig egal, zum Ärgern wollte er sich später Zeit nehmen, er warf die Schürze weg und überließ Geschäft und Arbeitslast dem überwiegend weiblichen Rest der Familie. Er schnappte sich die Flinte und war schon mit uns draußen.

So an die sechzig Jäger lauschten ergriffen der »Begrüßung« durch die Bläsergruppe, Jagdleiter Poldi sprach ein paar markige Worte, was man tun darf und was nicht, kalt wurde es in den Zehen, nochmals die Bläser, die musikalischen unter den Hunden jaulten entzückt mit, die unmusikalischen sahen belämmert drein. Dann endlich: »Aufsitzen!« Wir rumpelten los, und Josef war schrecklich aufgeregt.

Der erste Kessel auf den Feldern war so groß, daß man die Jäger auf der anderen Seite des Kreises nur wie winzige Zinnsoldaten marschieren sah. Ich richtete es so ein, daß ich Josef links neben mir hatte, einen Treiber dazwischen, und dann kam Poldi. Rechts von mir spähte unser Herr Lehrer – wie fast alle Pädagogen, weil sie zuviel Zeit haben, ein gewaltiger Nimrod – über seine Goldrandbrille hinweg auf das Schlachtfeld. Dünner Reif lag auf den Sturzäckern, die Schollen waren beinhart, aber das, dachte ich, würde dem Josef ja nichts ausmachen, der war ja beinharten Fels unter seinen Bergschuhen gewöhnt. Mittags dann, wenn es ein wenig wärmer wurde, würden ihm die Gummistiefel vielleicht ein bißchen schwer werden. Kann schon sein.

Anblasen. Es ging los. In der Mitte des Kessels wehte die große weiße Fahne im schwachen Wind. Ein bewährtes Mittel, wenn es gilt, eine so große Zahl von Jägern und Helfern auf Mitte zu trimmen und der Kreis nicht zerfleddern soll wie ein riesiger Tintenklecks, mit Buchten, Beulen und Löchern. Zunächst war es ganz still. Josef schaukelte seine (meine) Flinte wie ein Baby auf dem linken Unterarm. Dann begann ganz drüben auf der anderen Seite einiges Geknatter. Noch war der Abstand von Flinte zu Flinte recht groß, und links liefen einige Hasen unbeschossen aus, und das war gut so. Den ersten Hasen in unserer

Nähe schoß natürlich unser Herr Schulmeister, den zweiten auch. Ein guter Schütze, ein bißchen zu gierig für meinen Geschmack. Aber das alles waren bisher nur die Einzelgänger. Die Sicht war hervorragend, und man sah die Ratlosen in der Mitte des nun schon kleiner werdenden Kessels ihre Besprechungen abhalten. An wen man sich wohl halten sollte? Wo war es am aussichtsreichsten? Sie wurden sich einig: bei Josef natürlich, bei Josef, dem Anfänger. Und so erlebte der arme Josef den denkwürdigsten Anlauf seines Lebens, und Poldi und ich durften auch ein wenig daran teilhaben, weil Josef geradezu alles herzog zu sich. Da waren plötzlich sieben oder acht, die wollten es genau wissen. Ein Stoßtrupp, zur Erkundung ausgesandt. Pfeilgerade auf Josef zu. Josef nahm den ersten viel zu früh aufs Korn und schreckte ihn gewaltig, doch der Kundschafter meinte, jetzt sei schon alles egal, er lief weiter, was das Zeug hielt, Josef fast zwischen den Stiefeln hindurch. Hinter dem nächsten Rain, außer Schußweite und in Deckung, setzte er sich aufatmend hin und dachte: Gut gemacht, Lampe! Schau, wie dumm die anderen sind, die hasten in den Kreis zurück und haben es nochmals auszustehen!

Nicht alle hatten es nochmals auszustehen, einen hatte der Poldi, einen hatte ich, Myra apportierte, und der Schulmeister brummte: »Der Dumme hat's Glück!« In der Lautstärke genau so dosiert, daß ich es gerade noch hörte. Und das meinte er todernst. So einer war das!

»Wenn dir einer stichgerade kommt wie vorhin«, sagte ich zu Josef, »brauchst du ihn nur sauber die Schiene hinauflaufen lassen, kapiert?« Gleich darauf fuhr einer vor ihm weg aus einer Furche, und Josef schoß eine Zimmerlänge zu kurz.

»Ich hab ihn genau auf der Schiene gehabt!« protestierte er wütend.

»Wenn aber einer stichgerade fortläuft so wie eben, mußt du ihn zudecken«, ergänzte ich. Da wurde Josef hitzig, wie es eben manchmal seine Art war.

»Was soll's?« schrie er. »Zuerst die Schiene hinauflaufen lassen, dann wieder zudecken... Was sind das für dumme Sprüche? Die alte Spritze ist schlecht eingeschossen, das ist es!«

»Schrei nicht so, Josef«, mußte ich ihn mahnen, »und mit den Armen fuchteln wie eine Windmühle darfst du auch nicht, sonst ist es vorbei mit deinem Anlauf!«

»Ha!« brüllte Josef. »Nicht einmal fuchteln darf man bei euch!« Und er hätte an diesem Tag machen können, was immer er wollte, bunte Tücher schwingen oder mit dem Megaphon Jägerlieder singend über die Äcker gehen – es hätte nichts ausgemacht. Die Hasen liebten ihn und blieben ihm treu, sie liefen ihn um, sie kamen und kamen, bis der Herr Lehrer rechts ganz grün im Gesicht war vor Neid und der Poldi links sich den Bauch hielt vor Lachen und mit dem Aushelfen nicht nachkam, weil Josef doch bei weitem nicht alles allein erledigen konnte. Er schoß und schimpfte, weil ihm Myra zu langsam apportierte. »Der Hund ist nichts wert!« knurrte er, und je mehr er schimpfte, desto besser wurde seine schlecht eingeschossene Flinte, und Poldi und ich brauchten uns nur mehr auf das zu konzentrieren, was hinter ihm auslief, denn hin und wieder fehlte er ja doch noch. Genau wie wir alle.

Das erste Treiben war zu Ende, Hunde und Helfer hielten noch ein wenig Nachlese, und wir standen schwatzend bei der flatternden weißen Fahne, und mit Ausnahme des Herrn Lehrers stellten alle, die staunende Augenzeugen gewesen waren, bewundernd fest, daß der im Flintenschießen ungeübte Josef ein echtes Naturtalent war.

Es fehlte ihm ganz einfach nur die Erfahrung. Seine beiden Bauchgurte waren merklich gelichtet, aber elf Hasen gingen einwandfrei auf sein Solokonto, von den nicht sofort roulierenden ganz abgesehen, die Myra gebracht hatte. Und auf einmal war sie wieder ein braver Hund, ein guter Hund, er tätschelte sie und versprach ihr zum Schüsseltreiben ein großes Stück Wurst. Da sah sie ihn ein bißchen schief an und dachte, daß ihr schon so mancher ähnliche Versprechungen gemacht hatte, die dann oft nicht gehalten worden waren.

Dann aber kam er her zu mir, stützte sich schwer auf meine Schulter und schlüpfte mit einiger Mühe, jeweils auf dem anderen Bein hüpfend, aus seinen Gummistiefeln, um nachzusehen, ob seine Stiefelsocken noch drinnen waren. Sie waren es, sie hatten sich nur ein bißchen in grobe Falten gelegt. Kenner wissen, was das bedeutet. Er seufzte ein wenig, glättete die Falten und schlüpfe wieder in die Stiefel. »Und das Kreuz tut mir auch ein bißchen weh«, meinte er. »Eure gefrorenen Sturzäcker sind verdammt hart!«

Ich wußte natürlich, daß sein unverschämt guter Anlauf auch ein wenig mit der Windrichtung und dem Sonnenstand zu tun hatte und daß sich das alles in kürzester Zeit ändern konnte. Aber immerhin, im darauf folgenden, bedeutend kleineren Treiben schoß er wiederum vier von fünf Hasen, die ihn anliefen, im dritten und letzten Treiben vor der Mittagspause aber standen wir zufällig auf der völlig verkehrten Seite, alles spielte sich gegenüber ab, bei uns herrschte Grabesstille. Dann die Mittagsrast. Während die anderen sich um den Anhänger drängten, auf dem der Wurstkessel summte und duftete, war Josef

bemerkenswert still. Er untersuchte zunächst einmal wieder seine Stiefelsocken. Dabei patschte er unversehens mit dem einen Fuß auf den in der nun wärmeren Sonne schon weich gewordenen Boden. »Pfui«, sagte er, betrachtete angeekelt die Socke und den Schlamm daran, aber wer hat bei einer Hasenjagd schon eine Reservegarnitur Stiefelsocken bei sich? Es blieb ihm nichts anderes übrig, als nach gröbster Reinigung wieder in den Stiefel zu schlüpfen.
»Weischt«, gestand er ein, »a bisserl müd' bin i schon!«
»Weischt«, riet ich ihm, »du solltest jetzt was essen!« Poldi hatte sich für die Dauer der Mittagspause wieder in einen Gastwirt rückverwandelt, mit weißer Schürze stand er droben auf dem Anhänger neben dem Wurstkessel und dirigierte das Drängeln der Hungrigen, auf's Inkasso nur ja nicht vergessend. Er reichte ihm eine Sonderportion herunter und dann noch eine, und Josef ließ es sich schmecken und bekam wieder rote Bäckchen.
Nach der Pause wurde in drei getrennten Gruppen weitergejagt, die Felder hatten wir hinter uns, und nun kamen die kleinen Wäldchen dran und die Remisen, da gabs kein großes Einkreisen mehr, sondern nur noch die Streife. Jetzt hatte ich freilich ein wenig Mühe, Josef in Strauch und Dorn im Auge zu behalten, aber er machte seine Sache auch hier recht gut, schoß noch einen Hasen, der knapp vor ihm von einem Gestell ins andere rutschen wollte, aber bei den Fasanen kam er überhaupt nicht zu Schuß, alle standen ihm viel zu weit auf, und er hatte längst begriffen, daß er meine Flinte nicht mit seinem heimatlichen 6,5 × 68-Repetierer verwechseln durfte. Denn so wenig Erfahrung er auch hatte mit dem Schrotschuß – dumm war mein Josef ja wahrhaftig nicht. Aber nun doch schon ein wenig großspurig geworden. »Flugwildschießen«, sagte er zu mir, als wir einmal nach einem kleinen Bogen beisammenstanden, »kann ja auch nicht gar so schwer sein. Oder?«
»Nein«, beruhigte ich ihn, »man muß nur den richtigen Dreh dabei heraushaben, dann ist es ganz leicht. Wie bei den Hasen.«
»Aha«, nickte er nur, und wir gingen weiter.
Die Jagd war schon so gut wie vorbei, wir spazierten nur mehr in kleinen Grüppchen auf das Dorf zu, der Tag neigte sich schon fast dem Abend entgegen, und als wir aus dem letzten Wäldchen herauskamen, nichts Böses ahnend, stand dort doch wahrhaftig noch mit großem Gezeter ein Fasanhahn aus einer Ackerfurche am Waldrand auf, vielleicht war er schon auf dem Weg zu seinem Schlafbaum gewesen und ärgerte sich, denn er zeterte ganz fürchterlich, mit »Purr!« und

»Gockogottogock!« strich er fort, und Josef fuhr auf mit dem Rohr wie der Teufel, und schon purzelte der Hahn, ohne sich noch über irgend etwas ärgern zu müssen, und Myra brachte ihn, und Josef hing ihn wortlos in eine der Schlingen seines Hühnergalgens, den er natürlich auch von mir geliehen hatte, denn was ein echter Flugwildschütze ist, der braucht doch einen Hühnergalgen, ja?
Ich wunderte mich über gar nichts mehr, die Jagd war zu Ende, wir brachen und entluden die Flinten und pilgerten gemütlich dem Dorfplatz zu, hörten die ersten Abendnachrichten in lateinischer Sprache, und mir fiel nun erst so richtig auf, wie sehr Josef mit schmerzverzerrtem Gesicht hinkte. Aber er ertrug es mannhaft und ohne Jammern, hart, wie die Tiroler Bergjäger nun einmal sind, und auf das Ausruhen mußte er ja nun wirklich nicht mehr lange warten, denn schon wurde auf dem Dorfplatz vor Poldis Wirtshaus im Schein sündteurer Fackeln Strecke gelegt: ein Fuchs, 507 Hasen, 48 Fasanhahnen, 14 Rebhühner »und ein Gebirgsjägerhahn«, wie Jagdleiter Poldi fröhlich verkündete. Wieder ließen die Bläser markig die Hörner klingen, und die musikalischen Hunde sangen freudig mit. Dann aber war kein Halten mehr, alles strömte hinein in den jagdlich geschmückten Saal, zum letzten Treiben, zum Schüsseltreiben. So ein Schüsseltreiben ist nicht etwa nur ein Spaß, es gehört mit dazu wie das Amen zum Gebet, und man muß es mit Ernsthaftigkeit begehen, um die an einem so anstrengenden Tag ja doch ziemlich in Anspruch genommenen Kräfte ordentlich und verantwortungsbewußt zu regenerieren.
Manche Schüsseltreiben dauern deshalb Stunden. Je nachdem, wie verantwortungsbewußt man eben ist.
In der ersten Stunde war Josef noch ziemlich müde.
In der zweiten begann er zaghafte Gespräche über das Flintenschießen, und ich war sehr froh, daß unser Herr Lehrer weit außer Hörweite saß, ganz droben am anderen Ende der langen Tafel.
In der dritten Stunde erklärte er, daß unsere Hunde allesamt keinen Pfennig wert seien, hinkte hinaus in die Küche und kam mit einem riesigen Stück Wurst für Myra wieder. Für den Hund, der keinen Pfennig wert war.
In der vierten Stunde fiel er über den Wirt her und seinen Wein, der nichts tauge und nur Kopfschmerzen ans Licht bringe anstatt der Wahrheit, die angeblich mittendrin in ihm liege. Woran wieder ersichtlich sei, was man von alten Sprichwörtern zu halten habe.

Unterdessen hatte sich die Tafel schon ein wenig gelichtet, es gab schon deutlich erkennbare Lücken, vor allem dort, wo brave Ehemänner gesessen hatten.

In der fünften Stunde behauptete er noch, erst er habe uns das Hasenschießen beibringen müssen, dann aber schwieg er abrupt, erhob sich und winkte mich hinaus. Er war in einer bösen Verfassung. Es war nicht etwa das, was Leute mit Erfahrung bei Schüsseltreiben jetzt denken mögen, sondern seine Beine machten nicht mehr mit. Am stillen Örtchen schlüpfte er nochmals aus den Stiefeln und zeigte mir seine Füße. Sie waren geschwollen und blasenbedeckt. Besonders der eine mit dem Fehltritt samt Socke in den Matsch. Jetzt noch die Socken faltenlos zu glätten hatte keinen Sinn mehr. Dann gingen wir wieder hinein, aber wir setzten uns nicht mehr, sondern stellten uns noch ein Weilchen zu Poldi, der an der Theke werkelte und im Geist schon die Einnahmen des Tages überschlug, die jagdlichen wie die eigenen, gastwirtlichen. Dort nahmen wir ein letztes kleines Bier zu uns. Ich hatte längst gemerkt, daß Josef an Poldi einen Narren gefressen hatte. Jetzt aber, beim letzten kleinen Bier, tat er ganz so, als wollte er sich bei uns beschweren über alles, was wir ihm mit dieser hinterlistigen Einladung zu einer Feldjagd angetan hatten. Das klang dann ungefähr so: Die Füße reif für den Doktor, das Kreuz kaputt, zu keinem Schritt mehr fähig, und das alles wegen ein paar Hasen. Nein, lieber vier Stunden bergauf als eine einzige über die Sturzäcker gradaus...

»Aber ich werd' es euch schon heimzahlen«, murrte er mich an. »Bald kommst du zu mir auf einen Gams. Da werd' ich dir schon zeigen, was es heißt, einen anständigen Menschen so zu ruinieren.« Und ruckartig drehte er sich zu Poldi herum, streckte den Zeigefinger böse gegen ihn aus und schrie: »Und du kommst mit, Bürschchen! Sollst auch sehen, was kaputte Füße sind. Ich versteh mich schon drauf, wie man einen Kerl am Berg kaputtmacht! Kommt nur, kommt, und zwar bald. Die Gamsbrunft steht vor der Tür!«

*

Wer den Tagesablauf mit wachem Interesse verfolgt hatte wie ich, den konnte die merkwürdige Art, wie unser Poldi zu einer Einladung auf einen Gams gekommen war, ja nicht mehr weiter verwundern. Wie dann die schreckliche »Rache am Berg« wirklich vonstatten ging...?

Vielleicht blättert der Leser um?

Erwähnenswert ist an dieser Stelle nur noch, daß sich unser Herr Lehrer im Kreise seiner Vertrauten schon anderntags bitterlich beschwerte, daß nicht *er* die Einladung bekommen hatte. Denn zugestanden wäre sie eindeutig ihm, da der Ehrengast aus den Bergen doch auch alle seine Tricks mit der Flinte *ihm* abgeluchst hätte.

Die Rache am Berg

Nun brauche ich Josef aber wirklich nicht mehr vorzustellen. Allerdings, wer ihn richtig kannte und den denkwürdigen Jagdtag bei uns im Niederwildrevier und die voll scheinzornigem Grimm ausgesprochene Einladung auf einen Gams miterlebt hatte, der konnte sich ausrechnen, daß die Sache sehr geschäftsmäßig und nüchtern weitergehen würde, wie es unter ernst zu nehmenden Geschäftsleuten wie Josef eben der Brauch ist. Und so war es auch, denn schon drei Tage später bekamen wir jeder, Poldi und ich, eine schöne, auf blaßgrünem Büttenpapier in dunkelgrüner Schrift gedruckte Einladung mit handschriftlicher Ergänzung. Auf Poldis Karte lautete diese: »Behördenkram bereits erledigt!«, und auf meiner stand: »Paß gut auf ihn auf.« Meinen Behördenkram hatte ich längst erledigt und war stolzer Besitzer einer Jagd-»Karte«, wie sie das Ding dort nennen, für das Bundesland Tirol. Poldi allerdings, so überraschend hingestellt vor eine Einladung auf einen Gams, mit der er nie im Leben gerechnet hatte, standen die Sorgenfalten auf der Stirn.
»Ende November«, murmelte er melancholisch, »ist eine schlechte Zeit für einen Gastwirt zum Urlaubmachen. Draußen wird's immer kälter, und je kälter es draußen wird, desto mehr Gäste kommen herein. Besonders die Jäger bleiben lieber drinnen als draußen. Da sollte der Wirt auch besser zu Hause sein.«
»Ende November«, sagte ich, »ist eine ganz ausgezeichnete Zeit zum Urlaubmachen für einen echten Gamsjäger, wie du einer bist. Erstens sind es doch nur ein paar Tage, und wozu hast du zweitens eine fleißige Frau und zwei heiratslustige Töchter? Die machen das schon.«
Er ließ sich nur allzu gern zu einer weniger pessimistischen Lebensauffassung bekehren, worauf nur noch die Frage der Ausrüstung Poldis zum zünftigen Gamsjäger offen blieb. Nun, was warme und zweckmäßige Winterbekleidung ist, das wissen wir hier auch, das braucht man uns nicht erst zu sagen, aber mit Halbschaftstiefelchen

oder gar Gummistiefeln würde Poldi dort oben am Berg keine sehr gute Figur machen. Ich war ja schon öfters bei Josef gewesen, und meine Bergschuhe waren in Ordnung, aber Poldi würde gleich morgen in die Stadt fahren und welche kaufen müssen.

»Aber keine geklebten«, sagte ich. »Mußt schon was riskieren für deinen ersten Gams.«

Was er mir dann vorwies, fand meine Zustimmung. Bei diesem unverschämten Preis konnten sie – oder sollten wenigstens nicht – unmöglich bloß zusammengeklebt sein. Da mußte doch wenigstens ein bißchen echte Naht mit dabei sein.

Zwei Tage später waren wir schon unterwegs, mit meinem Wagen, weil mein Hund mit dabei war, und auch der Fahrer war ich, weil ich die Strecke kannte. Es war wieder einmal alles an mir hängengeblieben. Wir waren zu viert. Rechts auf dem Beifahrersitz lümmelte Poldi. Hinten saß meine Frau Maria und bemühte sich ernsthaft, freundlich zu sein mit Poldi. Sie mochte ihn nicht allzu sehr, weil er ein großzügiger Mensch war und öfters Lokalrunden ausgab. Neben ihr saß mit würdigem Autofahrergesicht meine DK-Hündin Myra. Auto fahren war ihre Leidenschaft, und außerdem freute sie sich schon auf das Wiedersehen mit ihrem alten Freund Bubo.

Das habe ich ja schon erwähnt, daß wir hier eine ziemlich eintönige Phantasie haben, wenn es darum geht, Rufnamen für unsere Hunde zu erfinden. Auch wenn sie auf dem Papier »Xynthia von Westergreen« heißen, rufen wir sie Asta oder Cora. Und unsere Haus- und Hofköter heißen fast alle Treff, Karo oder Prinz oder so ähnlich.

Doch Josefs mehrfach prämierter und ahnenschwangerer BGS-Rüde hieß ausgerechnet »Bubo«, allerdings mit einem »von Soundso« dahinter, das ich mir nie merken konnte. Und wenn man »Bubo« unbedingt aus dem Lateinischen übersetzen wollte, was allerdings nicht Absicht des Züchters gewesen sein dürfte, dann hieß Bubo auf deutsch ganz schlicht »Uhu«, und Josef ärgerte sich immer schwarz, wenn ich seinen Hund »Uhu« rief. Bubo machte das nichts aus, denn er hörte ohnedies nicht auf mich. Myra jedoch war seine Lieblingsfreundin, zu jeder Jahreszeit, ganz ohne Sex, und da sie zur Zeit nicht läufig war, hatten wir sie ohne Sorge mitnehmen können.

In aller Frühe noch, vor der Abfahrt, hatte Josef angerufen: »Beeilt euch, bei uns hängt eine Menge Schnee in der Luft! Wenn das alles runterkommt, kommt ihr nicht mehr über den G.-Berg.« (Ich weigere mich, den hier genannten Paßübergang anders zu nennen als G.-Berg. Sein voller Name könnte zu einer Identifizierung Josefs führen, und

das wiederum brächte mir eine Klage wegen Rufschädigung in den Print-Medien ein, und den Prozeß verlöre ich, weil sich Josef den besseren Anwalt leisten könnte. Also G.-Berg.)
Josef war ein guter Wahrsager. Als wir auf den rot-weiß-roten Grenzbalken zufuhren, stand es pechschwarz im Südosten, und als uns die Zollbeamten freundlich-gelangweilt durchwinkten – obwohl Myra gewaltig Laut gab, denn Uniformen mag sie nicht –, erhob sich ein höllischer Schneesturm. Weiter drinnen in den Bergen mußte es noch ärger sein, denn die entgegenkommenden Autos schleppten schon dicke Schneehauben auf dem Dach. Am liebsten hätte ich die Flucht ergriffen, wäre umgekehrt, wieder nach Hause, aber was half's, es mußte ja sein, wir wurden in der »Jagdhütte« erwartet.
Ich biß die Zähne zusammen, bemühte mich um ein wenig Sicht und kurbelte weiter. Ich war überglücklich, daß ich gestern noch meine Winterreifen montiert hatte, Maria machte sich die üblichen Sorgen, der Hund schnarchte, dem war alles egal, nur Poldi raunzte um ein Mittagessen, er war hungrig und hieß mich irgendwo am Rand der Bundesstraße nach einem Restaurant mit Parkplatz Ausschau halten, wo er dann zwar schlingen, aber doch über Qualität und überhöhte Preise nörgeln würde. Ich lehnte sowohl Ausschau wie auch Stehenbleiben ab, denn bei dieser Wetterlage konnte auch im November schon irgendwo die Straße verweht sein, und es erschien mir vernünftiger, heute hungrig anzukommen als erst morgen. Aber Poldi war das nicht klarzumachen. Er sei müde von stundenlanger Fahrt – ich etwa nicht? –, und das Recht auf Sättigung stehe sogar im Grundgesetz.
Ich glaube, ich hätte nicht nachgegeben, wenn nicht auch Myra erklärt hätte, sie müsse nun wieder einmal hinaus, und so scherte ich beim nächsten Gasthof aus, und es schneite und schneite. Als Poldi endlich satt war, drängte ich sofort zum Aufbruch. Es ging weiter. Wenn ich nicht gewußt hätte, daß wir bald mitten in den Bergen sein würden – sehen konnte man sie nicht. Die Landschaft bestand nur aus Schneetreiben und Nebel innerhalb eines merkwürdig fahlen Lichts, das darauf hindeutete, daß dort droben irgendwo die Sonne scheinen mußte. Wir kamen in einem atemberaubenden Tempo voran, so an die 35 oder 40 km/h. Jetzt mußte doch bald die Abzweigung kommen, oder? Ja, da war sie schon, rechts runter von der Bundesstraße, und da waren die 40 km/h auch schon wieder bald zu schnell. Maria ängstigte sich, weil mir nun schon zum zweiten Mal das Hintergestell fortgerutscht war, Myra war wieder alles egal, seit sie sich lösen hatte dürfen, und Poldi rülpste satt und behaglich und überließ mich meinen Fahrersorgen.

Jetzt hatten wir nur noch den G.-Berg zu überwinden. Der G.-Berg war tückisch. Im Sommer das reinste Vergnügen, konnte er im Winter zur reinsten Kastenfalle werden, wenn man das Pech hatte, daß vorne nicht schon ein Schneepflug gefahren war. Aber es war einer gefahren, wir hatten Glück, es ging alles glatt. Mein kleines Wägelchen – eine Laus gegen Josefs Monster! – wurstelte sich tapfer die Kurven hinauf, wir erreichten die Paßhöhe – und sprangen mitten hinein in strahlendstes Sonnenlicht.
Jaja, der G.-Berg ist nicht nur eine Wasserscheide, oft auch eine Wetterscheide. Vor uns war alles blau und weiß und gold. Die Sonne wütete geradezu und gab alles her, was sie hatte. Die Augen schmerzten in der plötzlich überquellenden Helligkeit, und Poldi wurde munter und schaute in die herrliche Berglandschaft und machte andächtig »Ah!« und »Oh!«. So etwas Schönes habe er noch nie gesehen, behauptete er. Konnte schon sein, war durchaus möglich, obwohl er ja oft das Maul recht voll nahm und schamlos übertrieb.
Ich hielt den Wagen in einer kleinen Parkbucht an, die wie dazu geschaffen war, ein wenig Ausschau zu halten. Geschaffen war sie eigentlich als Busstation, aber Bus war gerade keiner da, und sollte tatsächlich einer von hinten kommen, so mußte ich schleunigst Fersengas geben und den Platz räumen. Die verstanden dort auf den engen Bergstraßen keinen Spaß. Immerhin, ein Rundblick lohnte.
»Von hier aus kannst du Lore schon in den Suppentopf schauen«, erklärte ich ihm. Das war natürlich auch übertrieben, doch immerhin, die gewaltige Bergflanke lag nun schon offen vor unserem Blick, man sah hinein in Josefs Revier von einem Ende zum anderen, hinein in die stillen Wälder, die verschneiten Schläge, und darüber lagen die Almböden und noch ein Stückchen höher in ihrer ewigen Ruhe die Felsen mit ein bißchen Zuckerschnee. Ganz harmlos sah das alles aus von hier, wie auf einer bunten, aber trügerisch-harmlosen Ansichtskarte lag der mächtige Berg vor uns, und man konnte es kaum glauben, daß wir vor einer Viertelstunde noch mitten im Mistwetter gesteckt hatten. Heute früh, als unser Wetterprophet angerufen hatte, war die Schneefront über dieses Tal hinweggezogen. Nun war alles wieder blank und klar, wie frisch gewaschen, und wenn nicht ein neuerlicher Wetterumschwung kam, würde es morgen wahrscheinlich ein herrliches Gamsjagen werden.
Ein bißchen bergab ging es jetzt, dann wieder kurvig bergauf, aber da an dieser Seite des Tals weit weniger Schnee gefallen war als jenseits des G.-Bergs, kamen wir nun gut voran und waren nach einer halben Stunde am Ziel.

Wie schon erwähnt, Josefs bescheidene »Jagdhütte« war ein kleines Jagdschlößchen – das in früheren, gar nicht so lange zurückliegenden Zeiten auch tatsächlich als solches verwendet worden war –, in dem er mühelos zwölf Gäste hätte unterbringen können anstatt uns drei, doch Josef war weder Angeber noch Gesellschaftslöwe, schon gar nicht bei der Jagd, und so wurde das Haus eher sparsam genutzt und war nur vom Jagdaufseher, einem grauköpfigen Berufsjäger, und seiner Frau ganzjährig bewohnt. Die beiden hausten in einem hübschen kleinen Seitentrakt, der einst Stall gewesen und umgebaut worden war. Das ganze Anwesen war von einer Mauer mit Toreinfahrt umgeben, und wenn man auf der Straße von oben herankam, konnte man in das Geviert hineinsehen wie in einen Spielzeugbauernhof, denn, ja, das Ganze machte heute eher den Eindruck eines behäbigen kleinen Gutshofs als den eines einstigen Schlößchens.

Das Tor war weit geöffnet, für uns geöffnet, und darunter stand Bubo als Empfangskomitee. Das hätte er nicht tun sollen. Seine Lieblingsfreundin Myra erkannte ihn, und kaum hatte ich die Wagentür auf der Fahrerseite geöffnet, zwängte sie sich auch schon, während ich noch saß, über meine Schulter hinweg ins Freie, rücksichtslos, mit aller Gewalt, und erwischte mich dabei mit einer Kralle ziemlich eklig am Hals, so daß ich gleich schweißte wie gestochen. Der Vorfall brachte Abwechslung in die ansonst ziemlich einförmigen Begrüßungsrituale, Lore lief hocherfreut aus dem Wirtschaftsgebäude herbei, aber dann schrie sie gleich ziemlich erschrocken zu Josef empor, der droben fröhlich aus dem Fenster des Schlößchens winkte, er solle nur gleich Verbandszeug mitbringen. Mit einem Wort, es war ein höllisches Durcheinander, bis ich endlich verarztet war – die kleine Narbe trage ich noch heute als Andenken an Poldis Gams – und die Hunde sich beruhigten nach ihrem Freudentanz und ich endlich meinen lieben Freund Poldi der Dame des Hauses vorstellen konnte. Ich glaube, er gefiel ihr, obwohl sie schon wußte, daß er Gastwirt war, und umgekehrt war das erst recht der Fall, wie er mir später einmal in einer stillen Stunde gestand. Aber da war natürlich nichts drinnen im Topf für ihn, nichts zu machen, da hatte er nicht die geringste Chance.

Schließlich, als sich auch noch Maria und Lore hinreichend die Wangen geküßt hatten – »Ach, Liebste, es ist ganz einfach hinreißend, dich nach so langer Zeit wiederzusehen!« –, schubsten wir Poldi ins Haus, und als er an der massiven, mit jagdlichen Schnitzereien gezierten Doppeltür das Messingschild sah mit den Namen und den beiden Doktortiteln, gleich zwei, einen für Josef und einen für Lore, da machte er ein wenig verschreckte Augen, denn nie hätte er für möglich gehalten, daß ein so angesehener und so betuchter Herr wie Josef auch so ein liebenswerter Kumpel wie Josef sein könnte. Aber er war nun wieder fast so weit, an den Butler mit den weißen Handschuhen zu glauben, den ich ihm vorgeschwindelt hatte. Nein, den gab es nicht. Den Kerzenlüster in der Diele aber gab es, von dem ich meinen Waidkameraden daheim erzählt hatte, und tatsächlich wurde sein Licht von den vielen Trophäen an der Wand verdunkelt. Vorwiegend Hirsche, gute und schlechte, Gams, gute und schlechte, und Rehkronen, eher schlechte. Denn Josef war keiner, der die schlechten Trophäen oder die Fehlabschüsse droben auf dem Speicher versteckte, die kamen alle an die Wand, zur Erinnerung, zur Mahnung: Ich will's nie wieder tun.

Dann bekamen wir unsere Zimmer zugewiesen, eines für Maria und mich, nebenan eines für Poldi, und der Poldi sagte ganz traurig, daß er seinen Frack vergessen habe fürs Abendessen, hungrig sei er nämlich schon wieder wie ein Löwe, und ich mußte achselzuckend erwidern: »Ja, da wirst du aber verhungern müssen, denn einem Unmenschen ohne Frack serviert ein standesbewußter Butler natürlich nichts.«

Der Tag war rasch vergangen, Poldis Freßlust und der Schnee hatten unsere Fahrt so sehr verzögert, daß es nun wirklich schon Zeit zum Abendessen war. Josef trug nun einen schlichten Jägeranzug mit offenem Hemd ohne Krawatte, und Lore war aus den Jeans umgestiegen in ein adrettes Trachtenkostüm und hatte ihre fliegenden Haare ein wenig gebändigt. Kein Butler weit und breit. Poldi fraß und fraß, bis auch er satt war, dann setzten wir drei Männer uns mit je einer Zigarre in die Fernsehecke, ohne den Flimmerkasten eines Blickes zu würdigen, und die beiden Damen und die beiden Hunde zogen sich zurück – wohin, denkt ihr wohl? In die Küche. Dort gab es Süßes und auch einen Futternapf. Und vor allem Ungestörtheit bei wichtigen Gesprächen.

Wir Männer aber schwatzten nicht minder wichtig und geschäftig vom Gams, den Poldi morgen schießen würde. Weniger von dem meinen. Seiner war viel wichtiger, denn seiner würde sein erster sein.

Wie einer beginnt, wie es ist und wie es klappt beim ersten Mal, das ist immer wichtig. Das kann ein ganzes Leben entscheiden. Das kann zum Schicksal werden. Nicht nur beim Gamsjagen.

*

Am nächsten Morgen stiegen wir hinauf zum Dachfenster, und Josef zeigte Poldi das Revier vor seiner Haustür vom einen Ende bis hinüber zum anderen. Mit dem Spektiv, dem unverzichtbaren Werkzeug des Bergjägers, zogen wir alles ganz nah zu uns heran. Das Spektiv war im Fensterstock fest verschraubt, da gab es kein Zittern, und außerdem waren wir gestern abend brav gewesen und hatten nichts getrunken. So gut wie nichts.
Die Geographie von Josefs Revier war nicht schwer zu erlernen, und auch Poldi begriff bald, wie einfach das alles war. Besser: Wie einfach das alles aussah. Oberhalb der Waldgrenze begannen die Almböden – schon lange nicht mehr bewirtschaftet, verdorben und verkrautet –, und noch weiter hinauf teilte eine riesige Felsrippe die Bergflanke in zwei mäßig steile Kare, die jetzt im Winter aussahen wie zwei große, große schneegefüllte Waschschüsseln. Schnee, viel Schnee. So erschien es dem bergunerfahrenen Auge, vom Dachfenster aus gesehen. Josef allerdings meinte, gar so viel Schnee sei das nicht, er hätte gestern beim Einsetzen der Schneefälle viel Ärgeres befürchtet, und außerdem, der Schnee hätte auch seine guten Seiten. Wenn droben alles zugeweht sei, kämen die Gams vielleicht herunter bis zu den Almböden oder gar bis in den Wald. Wir müßten es nur so einrichten, daß wir uns in der »Großen Rippe« gemütlich einrichteten und dabei guten Ausblick in beide Waschschüsseln hätten.
Nun ja, er wollte Poldi Mut machen, ihn nicht gleich angesichts des mächtigen Berges verzagen lassen. Die Wahrheit sah so aus, daß die beiden großen Waschschüsseln in Wirklichkeit bei weitem nicht so glatt und ungefährlich waren, wie sie von hier drunten aussahen, daß sie, war man einmal oben, sich gewissermaßen in Dutzende von Teillandschaften gliederten, jede für sich wieder eine neue Wüste von Geröll und Schnee darüber, und auch die Chancen wären anderswo vielleicht ein wenig besser gewesen als bei der »Großen Rippe«, drüben ganz links am Siebenerkar nämlich, oberhalb der berüchtigten »Nase«, wo Josef das Drahtseil hatte anbringen lassen – für seine nicht ganz schwindelfreien Gäste. Diese unfreundliche Gegend wollte er Poldi nicht antun, und – Hand aufs Herz! – auch ich war froh gewesen, als er mir das gestern abend noch zugeflüstert hatte.
Gut also: Die »Große Rippe« entlang aufwärts und dann droben in aller Ruhe weitersehen, woher der Wind geht – im wahrsten Sinn des Wortes. Ein letzter Blick noch durchs Spektiv, und Josefs Gesicht verkniff sich ein wenig, und dann grinste er: »Schau, schau! Da droben steht ja einer, wie bestellt, oder?« Sein Auge klebte am Okular, dann murmelte

er etwas in seinen glattrasierten Bart, verstellte das Spektiv, äugte länger und immer länger, und dann richtete er sich auf und sagte zu Poldi: »Schau durch!« Und Poldi gehorchte und sah nach einiger Mühe, denn mit dem Spektiv muß man umgehen lernen, die ersten Gams seines Lebens. Bei den kleinen Felswänden rechts von der »Großen Rippe« standen drei, nein, vier Gams, und in der linken Schüssel standen zwei ganz tief drunten in den Latschen.

»Na bitte!« sagte Josef.

»Na bitte!« sagte auch Poldi großartig. »Und worauf warten wir noch?«

»Mein lieber junger Freund«, sagte ich, »soweit ich Josef kenne, werdet ihr noch eine kleine Prüfung über euch ergehen lassen müssen. Du und deine Büchse.«

Wir schleppten ihn zum »hauseigenen« Schießstand, der gleich hinter der Mauer des Gehöfts begann und in einer gut übersehbaren, jetzt schneebedeckten Geröllhalde endete. Er war natürlich nicht behördlich genehmigt, aber deswegen nicht weniger praktisch. Die Scheibe stand schon draußen, und das Spektiv war rasch zur Hand. Wie meine alte langläufige Mauserbüchse hier in den Bergen schoß, das wußten wir längst, die war in Ordnung, aber Poldis Steyr-Mannlicher genoß zum ersten Mal die Höhenluft, und da war ein Probeschuß Pflicht. Und Poldi zeigte uns, daß er ganz vorzüglich sein Instrument zu spielen verstand, er war ja auch drunten bei uns recht fix mit der Kugel, und nachdem Josef grinsend die Höhe ein wenig korrigiert hatte, konnten wir beruhigt sein. An der Büchse würde es nicht liegen, wenn etwas in die Hose ging, allenfalls nur an Poldi.

»Wirst vielleicht ein bißchen weiter schießen müssen als bei euch zu Hause«, meinte Josef vorsichtig, aber Poldi zuckte nur geringschätzig die Achseln und sagte, um eine winzige Spur zu großkotzig: »Mach ich!«

Josef kam aus dem Lachen nicht heraus, und als er sich ein wenig erholt hatte, sagte er: »Na also, dann gehen wir machen!«

Wir suchten uns jeder einen Bergstock aus, die reihenweise zum Aussuchen hinter der Tür standen, und gingen machen. Gleich hinter dem Haus begann der Hochwald, und dort war die Schneelage wirklich gering, keine zwanzig Zentimeter, und unter mächtigen Nadelbäumen wand sich ein Steiglein in sanften Serpentinen bergauf. Josef ging voran, Poldi hatten wir in die Mitte genommen, ich machte das Schlußlicht. Poldi war guter Dinge. Bei den gelegentlichen kleinen Schnaufpausen war hier noch ein Schwätzchen erlaubt.

»Ah«, murmelte Poldi zufrieden, »meine Bergschuhe greifen prima. Kein bißchen Rutschen.«
Da mochte er recht haben, denn es gab keine tückischen Eisplatten unter dem Neuschnee. Aber die Zufriedenheit verging ihm bald, und auch mir, denn nach einem Blick auf die Uhr gab Josef nun ein ganz schön flottes Tempo vor, Pausen und Päuschen gab es jetzt keine mehr, und nach einer guten Stunde war ich am Rücken naßgeschwitzt und Poldi feuerrot im Gesicht. Er fauchte wie ein Blasebalg, und nun endlich – ich hatte längst darauf gewartet – drehte sich Josef um und musterte uns schadenfroh. Nun dachte er gewiß an das vorletzte und letzte Treiben bei unserer Treibjagd, an die Sturzäcker, die ihm so sehr den Nerv gezogen hatten, und an seine in Falten verrutschten Stiefelsocken. Aber das hatte ja so kommen müssen.
»Weiter!« sagte er grob. »Gamsjagen ist Männersache. Unschuldige Hasen totschießen kann jedes Kind. Ich werd' euch schon –.« Aber er war ein höflicher Mensch und verschwieg, was er uns anzutun gedachte. Eines stand fest: Fertigmachen würde er uns, wenn er weiter so aufstieg wie eine Rakete. Wir tappten ihm nur mehr mit Mühe hinterher.
Noch eine halbe Stunde, dann waren wir droben an der Waldgrenze. das Altholz wurde lichter, Josef wurde vorsichtiger, und der Schnee wurde mehr. Poldi wurde noch röter im Gesicht. Jetzt keuchte er schon ein bißchen, und mir ging es auch nicht sehr gut. Doch ich hatte gewußt, worauf ich mich eingelassen hatte, und das hilft ein bißchen, psychisch, meine ich. Aber Poldi hatte sich das alles ganz anders vorgestellt, und er tat mir fast ein wenig leid, trotz seiner großen Sprüche. Ich fühlte mich ausgedörrt und dachte voll Sehnsucht an die zwei Flaschen Bier in meinem Rucksack, aber Josef dachte nicht an eine Pause, und er hatte recht, denn jetzt wurde es langsam kritisch, jetzt, wo wir im Begriff waren, die Sichtdeckung des Waldes zu verlassen, durfte er sich und uns nicht schonen.
Josef lehnte sich an einen Baum und blickte mit dem Fernglas hinaus auf den Almboden, dann hinauf in die linke Waschschüssel, die von hier recht gut eingesehen werden konnte. Nichts. »Na schön«, sagte er leise. »Oder besser: nicht schön. Hier herunten steht noch nichts. Wir gehen dort in der Mulde sichtgedeckt bis hinauf zur Großen Rippe. Dort trennen wir uns. Zwei links, einer verkehrt. Du gehst mit dem armen Poldi zu den unteren Wänden, dorthin ist es nicht gar so weit, und ich steig hinauf in die rechte Schüssel. Begriffen?«
Schon marschierte er los, und zwar sehr flott, denn es galt, die Wegstrecke, während der wir nicht in Deckung waren, möglichst rasch zu

überwinden. Dazu war die Mulde zwar sehr hilfreich, aber dort drinnen bekam Poldi seine neuen Bergschuhe überhaupt nicht mehr in Anblick, denn hier hatte der Wind den Schnee zusammengetragen, und wir wateten bis übers Knie darin. Darunter gab es, boshaft versteckt, Latschen und kantige Felsbrocken. Es war eine steile Schinderei bis hin zum Fuß der »Großen Rippe«, wo es in den kleinen Felswändchen wieder ein wenig Deckung gab. Und Josef trieb an: »Na kommt nur, kommt, ihr Furchenscheißer, kommt!« Er kannte keine Gnade. Mir ging die vorletzte Luft aus, und Poldi, mein wackerer Kampfgefährte in so mancher Schlacht, jagdlich oder auch nicht jagdlich, wechselte gefährlich die Farbe, zuweilen war er hochrot, dann wieder blaß um die Nase, und er flüsterte nur mehr gottergeben: »Ach, du lieber Himmel!« Josef hörte es, drehte sich um und feixte: »Is' was?«

Fast vier Stunden waren wir nun unterwegs, und es ging auf Mittag, als wir den Fuß der »Großen Rippe« erreichten. Josef, der bis jetzt außer rachsüchtigen Bemerkungen noch nicht die geringste Wirkung zeigte, gestattete großzügig eine kurze Pause in einer Felsnische. Poldi setzte sich unverzüglich mit seinem breiten Hintern in den Schnee, obwohl ich ihm üble Folgen prophezeite, aber ihm war nun alles egal, und ich hätte darauf schwören mögen, daß er jetzt leichten Herzens ein halbes Dutzend kapitaler Gamsböcke hingegeben hätte – nur für die simple Erlaubnis, umkehren zu dürfen, ins Tal hinunter zu gehen und zwölf Stunden lang zu schlafen. Und wenn einer meint, meine eigenen geheimsten Wünsche seien viel anders gewesen – er irrt. Dennoch, ich war Poldi gegenüber deutlich im Vorteil. Vielleicht auch der ein wenig besseren Kondition wegen, das auch. Aber wir erlebten hier wieder einmal das alte Phänomen, und es ist weit mehr ein psychisches als eines der Körperkraft: Die Tortur ist zu ertragen, wenn man ihr Ende *sieht oder kennt*. Für Poldi war die Strecke neu, die Quälerei daher nicht überschaubar. Er sah den berühmten Silberstreif am Horizont noch nicht, und daher gab er auf. So offensichtlich, daß auch den beinharten Josef ein Erbarmen beschlich.

Er gab mir letzte Anweisungen. »Du kennst den Steig«, sagte er leise zu mir. »Geh mit ihm zu den Drei Nadeln. Der Platz ist gut, wenn der Wind so bleibt.« Und zu Poldi sagte er: »Hast dich brav gehalten. Beim sechsten oder siebenten Gams da heroben macht dir das alles nichts mehr aus. Und den nächsten schießt du im Sommer. Heut' hast du nur mehr ein paar hundert Schritt. Es ist nicht mehr weit. Es bleibt uns nur mehr das Warten. Irgendwann kommen sie herein in die

Schüssel. Sie waren ja auch schon in der Frühe da. Sollt' man meinen. Und wenn sie nicht kommen – Inschallah! Das ist, glaub ich, Arabisch und heißt soviel wie: Kein Waidmannsheil gehabt! Hubertus will nicht, und Diana, die Schlampe, treibt sich irgendwo auf einem Tanzboden herum.« Er sah nun doch ein wenig mitleidsvoll auf den armen Poldi herunter und beendete seine fremdsprachlichen Ausführungen mit: »Waidmannsheil! Ich geh jetzt auf die andere Seite der Großen Rippe, und eine halbe Stunde vor dem Finsterwerden hole ich euch bei den Drei Nadeln ab.«

Fort war er. »Komm, Poldi«, sagte ich, »es ist wirklich nicht mehr weit, diesmal hat er nicht gelogen.«

Poldi stemmte sich mühsam mit seinem Bergstock hoch und vertraute mir an, daß nicht nur mit ihm selbst, sondern auch mit seinen Bergschuhen etwas nicht in Ordnung sein könne, denn sonst hätte er das Stückchen Weg hier herauf doch spielend schaffen müssen. Dann stapfte er brav und geduldig hinter mir her. Es ging hier nur mehr ganz sanft bergauf, und bald waren wir bei den »Drei Nadeln«. So hieß ein im Hochsommer wunderschönes kleines Plätzchen an der Flanke der »Großen Rippe«, eben wie ein Brett und im Ausmaß nicht größer als 2 x 2 Meter, umgeben von drei übermannshohen spitzen Felsnadeln. Man konnte sich dort wunderhübsch einrichten wie auf einem Aussichtsturm und sah weit hinaus in die schneegefüllte linke Schüssel und weit hinauf in die zackigen Schrofen der Großen Rippe und war dennoch durch die Felsnadeln gut gedeckt.

Von Gams aber – ein rascher Rundblick überzeugte mich – war einstweilen keine Rede. Nicht die mindeste. Wir waren allein in Fels und Schnee, wir schwelgten in den Farben Weiß, Steingrau in allen Schattierungen und Himmelblau, wir hätten darin schwelgen können, besser gesagt, aber wir waren zu müde, das alles zu bemerken. Die Schönheit der Bergwelt prallte zunächst noch ab an meiner Müdigkeit, Poldis Erschöpftheit. Ich machte mir sogar ein wenig Sorgen um ihn, so mitgenommen sah er aus. Daher atzten wir uns zunächst einmal gründlich, Lore hatte Speckbrote eingepackt, und auch das Bier in meinem Rucksack war nun an der Reihe. Es war ein bißchen zu kalt, aber das war uns egal, denn es gab ja die raffinierte Möglichkeit, es noch im Magen mit einem Schluck aus dem Flachmann aufzuwärmen. Dann, nach üppiger Mahlzeit und leisem Gespräch, verspreizten wir die Bergstöcke zwischen den Steinen, um eine dürftige Sitzgelegenheit zu schaffen, sie war hart, eine Herausforderung für die Steißbeine, aber besser als gar keine. Und dann kam das Wichtigste, das Eigentliche bei jeder Art Jagd, das In-sich-Ruhigsein, das Stillsein auch nach außen hin, das Warten. Es hatte nur ganz wenige Minusgrade, aber wir wußten, daß wir zwei Stunden oder mehr hier auszuharren hatten, bis uns Josef holte. Es sei denn, es tat sich vorher etwas. Ich war dessen nicht ganz sicher, und Poldi war zu müde, um überhaupt noch an etwas zu glauben. Da saß er nun auf seiner ersten Gamsjagd hundemüde und erledigt als winzige Menschenlaus irgendwo im Schnee in der Flanke eines ihm unbekannten riesigen Berges, der so bedrohlich aussah und es vielleicht auch war, und wartete. Worauf? Worauf wir eben alle warten. Er starrte hinaus in die Schneeschüssel, ob sich nicht dort irgend etwas regte, und ich verrenkte mir das Genick, weil ich die steile Flanke der Großen Rippe und den Schüsselgrat im Auge behalten mußte. Die Zeit verging, der Himmel bewölkte sich ein wenig, die Wolkenschatten wanderten über den Schnee, und es tat sich überhaupt nichts, nichts. Nach mehr als einer Stunde Schweigen flüsterte ich hinüber: »Wie geht's denn so?« Und Poldi flüsterte dankbar zurück: »Geht schon wieder.« Er hatte sich wieder gefangen. Die Merkmale tödlicher Erschöpfung, oft genug nicht erkannt oder unterschätzt, waren aus seinen Zügen verschwunden. Ich lächelte ihm zu und er mir, die Erschöpfung war Geschichte geworden und würde übermorgen schon vergessen sein, und mitten hinein in den Frieden unseres Lächelns rollte der Hall eines Schusses um die Große Rippe herum, von der anderen Seite her, wo Josef war, und gleich danach fiel ein zweiter Schuß, dann, nach ein paar Sekunden des Zögerns, ein dritter.

Das munterte nun auch Poldi vollends auf. »Drei Schüsse!« sagte ich. »Das sind bei Josef um zwei zuviel! Mach dich fertig! Das gefällt mir nicht ...«

Poldi schwieg, die Büchse schußbereit, und äugte mit mir angespannt hinauf zum Rücken der Großen Rippe, wo der Wind die Schneefahnen über den nackten Grat trieb. Ein paar Minuten vergingen, wir waren ziemlich ratlos, und ich überlegte, was sich dort drüben auf der anderen Seite der »Rippe« ereignet haben mochte. Ich selbst kannte damals das Gamswild noch viel zu wenig, aber ich kannte Josef, und da gab es plötzlich eine versteckte, durch nichts zu begründende Ahnung ...

»Poldi!« sagte ich nochmals hastig. »Mach dich fertig!« Und der Gams war plötzlich da. Wie ein schwarzer Teufel fegte er droben über den Grat, fuhr wie ein D-Zug in einer schneestäubenden Rinne bergab, genau auf uns zu, noch vierhundert Meter weit, jetzt dreihundert, immer näher, und Poldi fuhr schon mit, ein Bock war es, sah ich im Glas, mit enggestellter Krucke, der Bart wehte bei der sausenden

Talfahrt – und jetzt hatte er uns! Oder nicht? Er setzte die Vorderläufe ein, machte eine rasante Notbremsung, stand wie ein Denkmal nur zweihundert Meter ober uns auf einem kleinen Mäuerchen und äugte – vorsichtig oder neugierig, was auch immer – zu uns herunter.

»Schieß!« flüsterte ich Poldi zu. »Und nur ja nicht drüberhalten!« Und Poldi zeigte, was manchmal auch die müdesten Furchenhocker mit der Kugel können. Er fuhr steil auf, strich weich an der Felsennadel an, und schon bellte sein Schuß hinaus und hallte dröhnend von der Bergflanke zurück. Ich war auch bereit gewesen, aber ich konnte in aller Ruhe wieder sichern. Der Gams machte eine gewaltige Flucht mitten hinein in den sich langsam verdüsternden Abendhimmel und kam auf uns zu, mit an den Leib gezogenen Läufen fiel er wie ein Stein uns beinahe auf die Köpfe. Nur ein paar Schritt – und wir waren bei ihm. Poldi, vor ein paar Stunden noch ein halbtoter Mann, hatte den ersten Gams seines Lebens erlegt ...

Und wie!

»Waidmannsheil!« sagte ich.

»Waidmannsdank!« antwortete er wie im Traum. Als könnte er es nicht fassen. Und das konnte er vielleicht wirklich noch nicht. Ganz betäubt stand er da und staunte, während ich mich vergebens um Bruch und Letzten Bissen umsah. Die würden wir weiter unten besorgen müssen. Plötzlich war auch Josef wieder da. In Windeseile war er um die »Große Rippe« herumgesaust, von einer Schneeschüssel in die andere. Am Berg, ja, da kann ihm keiner das Wasser reichen. Selbst wenn er Wasser trinken würde. Nun, es ist erklärlich: Er ist hier geboren. Er liebte seine Berge und haßte unsere Sturzäcker. Daß wir umgekehrt unsere Sturzäcker lieben und seine Berge hassen, das wäre ganz falsch ausgedrückt. Aber wir sind ihnen eben nicht so ganz gewachsen. Wir sind sie nicht von Kindheit an gewöhnt, das ist alles.

Auch Josef strahlte über das ganze Gesicht, er besichtigte den Gams, fand ihn passend – mit einem winzigen Stirnrunzeln, aber das bemerkte nur ich –, und wünschte Poldi von Herzen »Waidmannsheil!« Jeder brave Jagdherr freut sich über das Waidmannsheil seiner Gäste, manchmal sogar mehr als der Gast. (Hier könnte ich eine spitze Bemerkung anbringen über gewisse Ausnahmen, aber ich lasse es lieber sein, denn es könnte zu Mißverständnissen führen, und von geschäftlichen Beziehungen zwischen Josef und Poldi, von Repräsentationseinladung und Vorteilsdenken konnte ja wirklich keine Rede sein, wenn es um die beiden ging.)

Dann wandte sich Josef zu mir, zwinkerte ein bißchen mit dem Auge und meinte achselzuckend: »Ein Jammer. Ich hab ihn dreimal gefehlt...«

Sehr merkwürdig war das. Zumindest für einen, der Josef näher kannte. Dreimal fehlen, das sah ihm nicht ähnlich. Nicht etwa, daß das nicht möglich wäre, auch bei einem guten Schützen. Aber ich hielt auch eine andere Version für durchaus möglich: daß er uns den Gams nur über die »Große Rippe« hatte herüberdrücken wollen mit seiner Knallerei. Ein Experiment, das gelingen, aber auch schrecklich schiefgehen kann. Der wahre Sachverhalt kam übrigens nie ans Licht, denn Josef schwieg sich aus, nicht einmal mir gegenüber, nicht einmal in der allervertrautesten Dämmerstunde machte er jemals eine Andeutung, wie es mit Poldis erstem Gams tatsächlich zugegangen war.

Unsere Talfahrt mit dem Gamsbock in der Finsternis – Leute, das wäre eine eigene Erzählung wert. Ich predigte immer aussichtsloser dem verzweifelten Poldi, daß er bergab die Fersen zuerst einsetzen sollte, den Bergstock immer an der Hangseite als Sicherung eingestemmt, aber er lernte es nicht so schnell, es gehört ja auch ein bißchen Übung dazu, er glitt immer wieder aus, der Angstschweiß stand ihm auf der Stirn, und er jammerte leise vor sich hin, während wir beiden anderen uns mit dem Bock abplagten. Obwohl ich den Berg und die Strapazen nun ja schon viel besser kannte als der arme Poldi, wurde auch mir noch einmal, nun in der tiefsten Finsternis, das Letzte abgefordert, und zu all dem verfiel Josef nun auch wieder zurück in die höhnische Phase und ließ seinem vorgetäuschten Unmut freien Lauf: »Jaja«, knurrte er beinahe echt, »ich werd' es euch schon austreiben, mich noch einmal auf einen lumpigen Hasen einzuladen. Und das Hasenschießen habe ich euch auch erst beibringen müssen, ihr Anfänger!«

Die Rache war ihm gelungen.

*

Fast zehn Stunden waren wir auf den Läufen gewesen. Nachdem die Hunde und die Damen Poldis Beute gebührend bewundert hatten, kochte Lore noch etwas Feines, doch Poldi und ich waren zu erschöpft, es zu würdigen, wir schliefen fast ein bei Tisch. Lore war gnädig und verzieh uns diese Unmanier.

Nach dem Essen traten Poldi und ich noch einmal vors Haus und betrachteten die glitzernden Sterne, und dann schleppten wir uns müde hinüber ins Wirtschaftsgebäude, in den Schuppen, wo der Gams, der

doch wie der Teufel pechschwarz die schneestäubende Rinne herabgesaust war, nun aufgebrochen hing, an seinen Krucken, die wir erst morgen abschlagen wollten, und uns mit gebrochenen Lichtern entgegenstarrte. Hier, im schäbigen Licht der schwachen elektrischen Beleuchtung, war nichts mehr stark und pechschwarz an ihm, auch die Trophäe nicht, die ich weit überschätzt hatte beim Ansprechen.
Hier im Schuppen hing ganz einfach nur ein Stück Wild, und es war tot, verendet.
Kurz vor dem Schlafengehen klopfte Poldi noch einmal bei uns an und kam zu Maria und mir herüber, in unser Zimmer, auf Strümpfen, und er hinkte fürchterlich. Er zeigte uns seine Füße, und der Anblick kam mir sehr bekannt vor: die Fersen blasenbedeckt, die Zehen blau und verschwollen. Ja, mit neuen, noch nicht eingelaufenen Bergschuhen kann man ebenso böse Erfahrungen machen wie mit verrutschten Socken in Gummistiefeln.
»Aber wasserdicht sind sie!« sagte Poldi überzeugt. »Waren ja auch teuer genug!«

Damals hatten wir einen...

Sie sind hungrig wie die Wölfe und auch ein bißchen müde, denn sie haben den ganzen Nachmittag auf Hühner gejagt, eine kleine Streife nur, zu zweit mit einem Hund, wie es eben am schönsten und wahrscheinlich auch am richtigsten ist, und nun sitzen sie hier im lärchenholzgetäfelten Jägerstübchen und hören gierig auf die klappernden Geräusche hin, die aus der Küche dringen, und recken die gewölbten Nasenflügel nach den Düften.
Das gedämpfte Licht fällt aus den Schirmchen des Geweihlüsters nieder und geistert auf dem buntgewürfelten Tischtuch in allerlei Reflexen: rot wie der Wein in den Pokalen, weiß wie die schlicht gekalkte Zimmerdecke, schillernd wie... nun, so schillernd wie die gute Laune der beiden Grünröcke nach einem gelungenen Jagdtag. Auf den Borden der Wandverkleidung Erinnerunsstücke: alte Krüge, kleine Stopfpräparate, heitere Keramik, Kunstschmiedeartikel. Vielleicht sogar ein bißchen Kitsch dabei, aber geliebter Kitsch, und nur darauf kommt es an. Darüber an der Wand brave und weniger brave Rehkronen, zwei, drei Hirschgeweihe und ganz einsam, ohne Kollegen, die beinahe kapitale Schnecke eines Muffelwidders.
In solcher Stube fühlt man sich wohl, auch wenn man sterbenshungrig ist und die Düfte aus der Küche immer unwiderstehlicher werden, unbeschreiblich verlockend, und die Hausfrau entschieden verschwiegen sich weigert, nähere Auskünfte zu erteilen. Sie schweigt, verweist die Ungeduldigen auf das nächste halbe Stündchen und entschwebt schon wieder. Da schicken sich die beiden Männer ergeben drein ins Warten, greifen, um den Gaumen vorzubereiten auf die nur dem Geruch nach zu erahnenden Köstlichkeiten, noch einmal zum Roten. Sie nippen und nicken, und der alte Weißbart mit den lustig blitzenden Kohlenaugen hinter dicker Brille sagt behaglich: »Ah, mha!« Sonst zunächst nichts. Dann aber hebt er das Tischtuch, rückt ein wenig ab mit dem Stuhl, schaut unter den Tisch, wo müde, wie vom Blitz gefällt

und reglos, der nicht mehr ganz junge Deutschkurzhaarrüde sich plumpsend hatte hinfallen lassen und nun dort schläft.
Zu Füßen seines Herrn.
»Na warte, du Bursche!« brummt der Alte mit zärtlicher Drohung, die keiner ernst nimmt, nicht er selbst, nicht der andere Hungrige am Tisch, schon gar nicht der Hund unter dem Tisch. »Warte nur!« So tief kann ein Hund gar nicht schlafen, daß er eine so liebevolle Anrede im Traum versäumen würde. Der Rüde ticktackt einmal kurz mit der Stummelrute – »Herr, ich bin da, ich höre dich«, heißt das – und liegt dann wieder still und stumm. Ihm kann's egal sein. Er hat längst sein Wasser und sein Futter bekommen, gleich nach der Heimkehr. Obwohl der alte Leitwolf ein wenig böse war während der Jagd. Aber das ist schon vorbei. Man kennt sie doch, die zweibeinigen Aufrechten. Im Grunde sind sie friedlich, die meisten von ihnen sind von der gutmütigen Art, und an manchen Tagen kann man sich allerlei erlauben und herausnehmen, bevor die Gerte saust und häßlich ins Fell zwickt. Man kann mit ihnen leben. Man darf nur nicht den Fehler machen, ihre Gedanken zu verhundlichen. Man kann sich auf sie verlassen. Man kann sie sogar lieben. Auf unsere Art eben, die sie freilich oft nicht ganz verstehen ...
Wie sollten sie auch.
Irgend etwas hat's gegeben heute mit dem Hund im Revier, wie es ja immer wieder einmal etwas gibt. Mit den Hunden wie mit den Menschen. Keiner ist vor einem Versager sicher, vor einer Fehlleistung. Und unversehens, während eben noch die Nüstern lüstern sich blähten nach den verlockenden Düften aus der Küche, liegt nun das Thema »Hund« auf dem Tisch.
Wenn nur das Thema »Hund« und sonst nichts Leckeres auf dem Tisch liegt, kann man sich an diesem Thema zwar nicht satt essen, aber doch wenigstens satt reden, ohne nachher, wenn wirklich Nahrhaftes aufgetragen wird, gleich passen zu müssen und sich den Unwillen der Hausfrau einzuhandeln ...
Annähernd sieben Hundeleben wiegen ein Menschenleben auf, und so kommt es, daß fast jeder Jäger, der zeit seines Lebens einen Hund geführt hat, sich an annähernd sieben Hunde erinnert, an den einen mehr, an den anderen weniger, im Guten wie im Bösen, und selbst wenn er selbst keinen einzigen geführt haben sollte, was ja leider auch vorkommt, so wird er sich ungefähr an sieben Hunde seiner Waidkameraden ganz besonders erinnern, mit denen er gejagt hat, wie schon gesagt: an den einen mehr, an den anderen weniger, aber irgend-

wie sind sieben ganz besonders im Gedächtnis. Das liegt nicht daran, weil die Sieben eine magische Zahl ist, sondern schlicht daran, weil bei sieben Hunden im Jägerleben die Merkfähigkeit des menschlichen Gehirns für all das, was diese herrlichen und so intelligenten Geschöpfe einem vor allem an Schönem und hin und wieder auch an Ärger angetan haben, schon erreicht sein dürfte. Und in der Rückschau, die dem Schönen nachtrauert und den Ärger längst verziehen hat, beginnen dann alle träumerischen Erzählungen etwa so: »Damals hatten wir einen...« Und genauso ist es auch heute, während der Weißbart und Franz beisammensitzen und aufs Essen warten, hungrig wie die Wölfe. Ich weiß nicht, wie hungrig Wölfe sind oder sein können, aber ich erlaube mir eine gängige Redensart, nur um betonen zu können, wie hungrig die beiden schon sind, während sie über dem Hundegeschichten-Erzählen ihren wütenden Hunger vergessen.
»Damals hatten wir einen«, meint der Weißbart, den sie im ganzen Dorf »Professor« nennen, weil er eine Halbglatze und berufsbedingte Kummerfalten auf der Stirn herzeigt, »eine Sie eigentlich, eine Weimaraner-Hündin, die war ansonst ganz normal und freundlich und leicht zu führen, sie machte keine Schwierigkeiten, doch eines Tages muß ihr der Revier- und Besitzverteidigungsinstinkt ein wenig durcheinandergeraten sein. Sie kriegte ohne Zweifel einen Tick, und der kam über Nacht. Wenn du mit ihr ins Revier fahren wolltest, mußtest du immer scharf darauf achten, daß du selbst zuerst ins Auto stiegst *und dann erst der Hund*. Bei ihrem Eifer war das oft gar nicht einfach, denn wenn's zum Einsteigen ging, war sie schlank und flink wie ein Eichhörnchen. Man durfte die Tür nur einen Spaltbreit öffnen, mußte sich selbst zuerst hineinzwängen und dann erst den Hund einsteigen lassen. Wenn's umgekehrt verlief, wenn einer nicht aufpaßte und die Tür aufriß und der Hund als erster ins Auto flitzte, war es schon passiert. Denn: Sobald sie einmal von *ihrem* Auto Besitz ergriffen hatte, sobald sie einmal drinnen war, verteidigte sie es rasend gegen jedermann, der von außen kam, und ließ niemanden mehr hinein. Wirklich merkwürdig war das!«
»So ein Hund ist praktisch«, meint Franz, der zweite Hungrige. »Man braucht den Wagen nicht abzuschließen.«
»Richtig«, gibt der Weißbart zu. »Aber schließlich nützt mir ein Hund nur wenig, der mich nicht zu sich in mein eigenes Auto läßt, wenn er zuerst drinnen ist. Seinen Herrn mindestens sollte er schon noch hereinlassen.«
»Du hast natürlich recht«, lächelt Franz, der dem Weißbart und

»Professor« im Alter nur wenig nachsteht und sich ebenfalls schon an annähernd sieben Hunde erinnert. »Einen Tick hast du es genannt. Einen auf Irrwege geratenen Revier- und Besitzinstinkt. Vielleicht wüßte ein Tierarzt eine bessere Beschreibung. Jedenfalls ist es ungewöhnlich, wenn ein Hund nicht einmal mehr seinen Herrn zu sich ins Auto läßt. Aber wie habt ihr euch damals beholfen? Es muß doch eine Lösung gegeben haben, und wenn schon keine Lösung, so doch irgendein Ende der Affäre?«

»Wenn man Bescheid wußte«, erläutert der Weißbart, »war es ja nicht so schlimm, nur höchst lästig. Man mußte sich nur vorsehen und Vorbereitungen treffen. Beispielsweise hielt meine Frau den Hund fest, bis ich eingestiegen war. Tricks gegen den Tick gab es immer. Freilich, wenn es einmal zu spät war, wenn etwa einer meiner Jagdgäste ahnungslos und vorschnell die Tür des Revierfahrzeugs öffnete – schwupp! Stell dir vor, da stehen vier schwerbewaffnete Jäger ratlos um den Range Rover herum und können nicht einsteigen. Die Zeit drängt, es dämmert schon, die Gäste sollen noch rechtzeitig hinausgefahren und angesetzt werden, aber nein, der Hund glaubt den Wagen verteidigen zu müssen, gegen jedermann, auch gegen mich, er gebärdet sich wie verrückt und weist jedem, der Tür oder Fenster auch nur nahe kommt, sein Raubtiergebiß. Und das war nicht von schlechten Eltern!«

»Da seid ihr an diesem Abend also nicht ins Revier gefahren und lieber in die Spelunke gegangen?« vermutet Franz.

»Einen Trick gegen den Tick gibt es immer«, wiederholt sich der Weißbart. »Aber für mich als Revierleiter und Hundeführer war es eine beschämende Sache, vor meinen Jagdgästen klein beigeben zu müssen und vor meinem eigenen Hund zu kapitulieren. Es blieb mir nichts anderes übrig, als die Gäste, zwei Jägerherrn und eine Jägerdame, zunächst einmal zurück ins Haus zu schicken. Als sie außer Sicht waren, nahm ich ganz locker die Büchse auf die Schulter und ging langsam zum hinteren Hoftor, durch das man hinaus auf die Felder kommt. Ganz so, als wollte ich allein ins Revier und den Hund zurücklassen. Das hat ihr natürlich gar nicht gefallen, denn mich mit einem Gewehr sehen und nicht mitkommen zu können – das war ihr unvorstellbar. Prompt und wie die Feuerwehr fuhr sie mit Riesensätzen aus dem Rover heraus und mir nach. Den Jagdgästen hatte ich beschrieben, wie es wohl ablaufen würde, sie sahen durch das Fenster zu und lachten sich schief, und kaum war die Hündin auf meinen Fersen, sprangen sie aus dem Haus heraus und in den Wagen hinein. Und von jetzt an war alles geregelt und in Ordnung, sobald nur einer *vor* ihr im

Auto war. Ich durfte umdrehen, zum Wagen gehen und einsteigen, die Hündin in aller Ruhe hinter mir. Während der Fahrt war sie der bravste Musterschüler, kroch unserer Jägerdame auf den Schoß und leckte ihr zu ihrem Entzücken den Lippenstift ab. Der muß besonders gut geschmeckt haben...«

Diese abschließende Vermutung gibt Franz Anlaß zu einer lockeren Bemerkung, Gelächter erhebt sich, doch der Weißbart wehrt alle Verdächtigungen mit Würde ab. Sogar die Hausfrau, die eben schon mit Tellern und Besteck hereinkommt – endlich! –, erkundigt sich nach dem hoffentlich harmlosen Grund dieser jägerischen Ausgelassenheit. Und dann sagt Franz:

»Da hatten einmal auch wir einen Hund, der, so schien es wenigstens, eine Zeitlang nicht ganz richtig war im Kopf. Aber man darf nicht vorschnell sein mit solchen abschätzigen Klassifizierungen. Sicher gibt es auch bei Tieren ein uns vorerst unverständliches Verhalten. Warum tritt ein Pferd? Warum sind manche Hunde unverbesserlich mißtrauisch und oft bissig? Die Antwort liegt nahe, daß das Pferd geschlagen und der Hund an der Kette gehalten wurde oder sonstwas, aber das alles war bei dem Kerl, von dem ich jetzt erzähle, nicht der Fall. Er hatte keine traurige Jugend, die ihm der Staatsanwalt mit Tränen in den Augen als Milderungsgrund gelten lassen könnte, er stammte aus keinem ›unterprivilegierten‹ Milieu, im Gegenteil, er hatte alles, was ein braver Jagdhund will und braucht, von Kindesbeinen, von Welpenläufchen an. Und dennoch kriegte er eines Tages einen Tick, wie du es vorhin genannt hast, und der wurde so arg, daß ich mich richtig zu fürchten begann.

Wenn ein Hundeführer sich vor seinem Hund fürchtet, dann ist jede Vertrauensbasis beim Teufel, dann gibt es keine vernünftige Zusammenarbeit mehr. Und – so gesehen – klingt es um so verrückter, wenn ich dir sage, daß sein Tick nichts anderes war als Liebe. Übertriebene Liebe zu mir, sonst nichts.

Stell dir einen Rauhhaarrüden vor, über den Durchschnitt groß und kräftig geraten, Schulterhöhe knapp siebzig Zentimeter. Ein Brocken! Aber friedlich wie ein Schoßhündchen. Unsere Kleine konnte auf ihm reiten. Es paßte ihm nicht, er machte ein wehleidiges Gesicht, aber er duldete es. Und diesem kalbsgroßen Hund fällt es eines Tages ein, weiß nicht, warum, mich besonders stürmisch zu begrüßen, als ich von der Arbeit nach Hause in den Hof komme. Springt auf mich zu, baut sich vor mir in seiner ganzen Länge auf, legt mir die Vorderpfoten auf die Schultern und stupst mich freundlich – Nase auf Nase! Auf den

Hinterläufen stehend, war er so groß wie ich. Gibt mir ein Küßchen! Na schön, wer denkt denn schon daran, daß eine so ausgefallene Begrüßung zwischen Hund und Herr zur üblen Gewohnheit werden könnte? Ich hab nur gelacht, hab ihn gestreichelt und abgeliebelt, hab ihm gut zugeredet, ihm mit freundlicher Stimme einen dummen Kerl genannt, bis er von selbst von mir abließ und sich trollte. Aber irgendwie muß sich von diesem Augenblick an der Hund auf diese absonderliche Art der Begrüßung fixiert haben. Vielleicht hat sie ihm besonders gut gefallen, möglich. Denn am nächsten Tag und an allen folgenden bei meiner Heimkehr am Nachmittag das gleiche Theater: Vorderpfoten auf die Schulter, womöglich aus dem Sprung, daß es mich fast umwarf, freundliches ›Schnurren‹, hätte ich beinahe gesagt, Nase mitten ins Gesicht gestoßen, stups, stups, und dann das Warten auf das pflichtschuldigste Abliebeln und die Koseworte. Ganz abgesehen davon, daß ich zum Gespött der Familie und bald des ganzen Dorfes werden mußte, paßte mir diese Absonderlichkeit auf die Dauer natürlich nicht. Sie mußte abgestellt werden. Aber nun stellte sich heraus, daß der Hund ganz einfach mit dem Recht des Stärkeren auf dieser lächerlichen Zeremonie *bestand!* Als ich ihn zum ersten Mal unwillig fortschubste, zog er tiefgrollend die Lefzen hoch. Ich nahm das noch nicht weiter ernst. Tags darauf aber, als ich sehr energisch mit dem Unfug Schluß machen wollte, entblößte er knurrend das Gebiß und legte den Fang an meinen Hals. Da wurde es mir aber doch ein wenig komisch, und ich ließ ihn in seinem Begrüßungsritual fortfahren, bis er selbst davon genug hatte. Mit diesem Gewährenlassen war das Problem aber nicht gelöst. Kein einziges Hundeproblem läßt sich mit Gewährenlassen lösen, das wußte ich natürlich, aber vorläufig fiel mir nichts ein, denn ich hielt mir immer vor Augen, daß der Hund nur aus Liebe so verrückt war.«
Franz schweigt, schüttelt den Kopf, lauscht hinaus in die Küche, in der aber nun Grabesstille herrscht. Die Hausfrau scheint den Männern einen Tort antun zu wollen. Tatsächlich aber ist es so, daß sie soeben die Soße abschmeckt, und das macht keinen Lärm. Nur Schweine schmatzen.
»Jeden Tag«, fährt Franz nun fort, »das gleiche Spiel: Der geringste Versuch, das lächerliche Schauspiel abzukürzen, endete mit gefährlicher Drohung seinerseits. Der Hund wollte es sich um keinen Preis nehmen lassen, mich auf seine Art zu lieben und zu begrüßen. Er freute sich über mein Nachhausekommen und wollte mir diese Freude auch zeigen.

Ich sprach mit einem Tierarzt. Ich wollte wissen, welchen Fehler ich gemacht haben könnte. In einem langen Gespräch verloren wir uns in den Tiefen der Hundepsychologie. Dort sieht es, glaube ich, auch nicht viel anders aus als in der menschlichen. Prägende Irrtümer und Mißverständnisse gibt es genug in beiden. Aber das wissen die Hundeführer. Die guten wissen es. Nein, wir kamen auf keinen Fehler. Es hatte sich so ergeben, von einem Tag auf den anderen. Genau wie die Menschen von einem Tag auf den anderen anfangen können, ihre Gewohnheiten zu ändern und ein bißchen zu spinnen.
Ein paar Ratschläge hatte ich bekommen, ich probierte sie aus, aber der Hund bestand darauf, mich lieben und begrüßen zu dürfen. So ging das einige Wochen hin. Ich wartete mit Aufmerksamkeit darauf, ob der Hund vielleicht auch noch anderweitig absonderlich werden würde. Ich beobachtete ihn genau: seine Freßgewohnheiten, sein Verhalten. Seine ganze Psyche. Aber nein, nichts änderte sich, er blieb, von seinem Tick abgesehen, in jeder Hinsicht ein mustergültiger Gefährte, im Revier, im Haus, überall.«
»Irgendwie«, sagt nun der Weißbart neugierig, »muß doch auch diese ausgefallene Geschichte ein Ende gefunden haben.«
»Ja«, darauf der Franz schmunzelnd. »Ein ganz überraschendes. Nachdem ich etwa einen Monat oder mehr die Wahl gehabt hatte, mich jeden Tag bei meiner Heimkehr stürmisch küssen oder mir beim geringsten Abwehrversuch die Halsschlagader aufreißen zu lassen, war ich schon ziemlich verzweifelt. Und dann kam schlagartig die Wende. Es geschah ein Wunder. Beim Menschen würde man so etwas vielleicht als Schockheilung bezeichnen. Das gibt es angeblich. Der Hund wurde durch eine Wasserkur geheilt. Eines Nachmittags regnete es, und genau in dem Augenblick, als ich mit dem Wagen in die Einfahrt einbog, wandelte sich der Regen in einen unbeschreiblichen Wolkenbruch. In wenigen Sekunden glich der Gutshof einem Schwimmbassin. Der Hund saß wie immer unter dem vorgezogenen Dach vor der Haustür und wartete auf mich. Ich sah, wie er den Fang hob und winselte. Nun muß ich noch etwas ganz Wichtiges erwähnen: Er war nicht gerade ein Künstler bei der Wasserarbeit, aber er leistete sie willig. Was er hingegen haßte wie die Pest, das war harter, prasselnder Regen. Regen wie der, der sich eben wie aus geöffneten Schleusen vom Himmel ergoß. Ich riß die Wagentür auf und sprang in weiten Sätzen los, daß es nur so platschte, nur rasch unter das Vordach, hin zu dem Hund. Und nun geschah das Wunder: Der Wolkenbruch, das verhaßte Wasser von oben mit seinen peitschenden großen Tropfen hielt ihn

davon ab, sich auf mich zu stürzen. Unter dem Dach begrüßte er mich zwar mit allen Anzeichen der Freude, doch es war eine ganz normale schweifwedelnde Begrüßung mit freudigem Winseln, wie sie jeder Hund seinem Herrn widmet. Seine Regenscheu war stärker gewesen als der Tick. Von dieser Sekunde an änderte sich alles. Der Regen hatte *ein einziges Mal* die zur Gewohnheit gewordene Unsitte unterbunden, sozusagen *die locker gewordene Schraube wieder angezogen* und die vorherige Situation wiederhergestellt. Der Rüde benahm sich plötzlich wieder wie ein ganz normaler Hund, der sich freut, wenn sein Herr nach Hause kommt. Anderntags war Schönwetter, die Sonne schien, als ich heimkam, aber es gab keinen Rückfall mehr, der Hund war wieder vernünftig, der Spuk war vorbei.«

Franz schweigt. Auch der Weißbart schweigt und läßt seine Falten die Halbglatze rauf und runter wandern, und jetzt sieht er wirklich aus wie ein Professor, auch wenn er beileibe keiner ist. So sinnieren sie beide ein Weilchen vor sich hin, hängen ihren Gedanken nach, und dann faßt der weise Herr Professor es zusammen, bringt es auf den Schlußpunkt: »Man muß es so sehen: Eine Verirrung, eine Episode war zu Ende. Schlußstrich und Wiederherstellung des vorherigen Zustands, ausgelöst durch einen simplen äußeren Anlaß: Regenscheue und Wolkenbruch treffen im genau richtigen Augenblick aufeinander. Im Hundehirn macht es ›Klick‹, und alles ist wieder wie vorher. Weiß Gott, was in so einem Hundehirn und in einer Hundeseele vorgehen mag!«

Und die beiden alten Hundeführer, die eben noch das große Fressen nicht erwarten konnten, sind still und schweigen vor sich hin, bis plötzlich dem Weißbart wieder etwas einfällt, etwas Heiteres scheint es diesmal zu sein, denn er schmunzelt und beginnt: »Damals hatten wir einen –«

Doch die Fortsetzung ist ihm nicht erlaubt, die Küchentür geht auf, die Hausfrau erscheint, setzt schwungvoll das köstlich Gebratene auf den Tisch und schneidet ihm das Wort ab: »Ja, damals hatten wir einen fürchterlichen Streit, vor vierzig Jahren, als du dich um ein Haar nicht hättest entscheiden können – zwischen mir und deinen geliebten Hunden...«

Und erläuternd, ein wenig schnippisch zu Franz: »Damals hätt' er am liebsten seinen jüngsten Wurf Welpen mit ins Bett genommen...«

Reineke und der Misthaufen

Gegen Morgen wurde es kalt, unverschämt kalt sogar. Ich zog mir wütend die alte Pferdedecke über den Kopf, ja, eine Pferdedecke war es noch, aus der sogenannten »guten, alten Zeit«, und dementsprechend sah sie auch aus und fühlte sich so an, rauh, muffig und unverträglich, aber schwer und warm war sie, wenn man sich einmal richtig drunter eingenistet hatte. Doch kräftige Minusgrade setzen auch einer alten Pferdedecke ihre Grenzen, irgendwo schwindelt sich ja doch die Kälte herein. Ich bibberte gehörig, aber es dauerte eine ganze Weile, bis ich begriffen hatte, daß ich nicht zu Hause im wohltemperierten Schlafzimmer war, sondern in unserer mehr als primitiven Ein-Mann-Jagdhütte mitten im Revier auf immerhin 600 Meter Seehöhe, daß der Ofen längst ausgegangen sein mußte und der Winter immer noch den Kalender beherrschte. Und eben noch hatte ich vom sonnigen Griechenland geträumt...
Mit dem Schlafen war es vorbei. Ich schleuderte die Decke beiseite und kroch übellaunig aus dem Schlafsack. So eine Ein-Mann-Jagdhütte, eine umfunktionierte kleine Baustellenbaracke, bietet im Gegensatz zu manchen Jagdschlössern mit Stromaggregat, Flüssiggasheizung, Kühlschrank und Fernsehen eben wenig Komfort: ein Bett, ein grob zusammengezimmerter Tisch, zwei Stühle, ein Eisenöfchen – man muß schon einiges übrig haben für die Jagd, um damit das Auslangen zu finden und nicht zu murren. Aber die Vorteile wiegen alles auf: Man ist mittendrin im Revier. Im Sommer äugen Reh und Has' zur immer offenen Tür herein, der Gesang der Vögelchen weckt dich, die Sonne kringelt sanft und warm durch das vergeblich auf die Putzfrau wartende Fenster mit seinen nicht mehr ganz neuen Scheiben...
Aber warum, zum Kuckuck, gaukelte ich mir Sommerfreuden vor? Es war tiefster Winter und bitterlich kalt, und ich wußte fast nicht mehr, konnte es jetzt nicht begreifen, warum ich mir das alles angetan hatte:

hier im Wald zu übernachten. Doch, ich wußte es: Reineke und der Misthaufen!

Es hatte sein müssen, und es ist auch ganz einfach erklärt. Ein besonders risikofreudiger Fuchs terrorisierte nun schon seit Wochen die Hühnerställe jener Gehöfte, die am Südostrand unseres Dorfes lagen. Nur die. Da wir aber, und das ganz besonders im Winter, nahezu immer Nordwestwind haben, war es schwierig, ihm auf seinem Paß zur Beute aufzulauern, denn er kam immer stur gegen den Wind, der alte Schlaumeier. Das ging nun schon seit Dezember so. Lauerten wir in den Hausgärten, hatte er uns längst im Wind, und uns blieb nichts anderes übrig, als am Morgen im Schnee zu lesen, daß er wieder einmal, Böses ahnend, umgekehrt war und sich mit dem Durchwühlen eines großen Haufens Stallmist begnügt hatte, der anderthalb Kilometer außerhalb des Dorfes auf einem Sturzacker aufgeschichtet war, nicht weit vom Waldrand. Und dort in der Nähe, einen knappen Kugelschuß vom Misthaufen entfernt, hatten wir seit Jahren einen Hochsitz. Endgültig die Geduld verloren hatte ich vorgestern, als mich mein lieber Freund Hubert, einer jener terrorisierten Südostrand-Bauern, beim sonntäglichen Frühschoppen in der »Krone« springgiftig attackierte und mir mitteilte, er sei schon wieder um eine brave und an ihrem Leid vollkommen unschuldige Henne ärmer. Und, sagte er böse, wenn die Jäger nicht imstande wären, das mit soviel saurer Mühe erworbene Hab und Gut der Bauern zu beschützen, dann müsse man sich eben vor der nächsten Jagdverpachtung etwas einfallen lassen.

Das war allergröbstes Geschütz, so etwas soll man nicht einmal leise denken und schon gar nicht an der Theke laut und zornig herausbrüllen. Auch Poldi, unser Wirt und Mitpächter, erschrak dermaßen, daß er die Augen aufriß und bei der Zubereitung meines Biers weit danebenzapfte. Natürlich war Hubert nur ein wenig verstimmt und dachte nicht im Traum daran, irgendwann einmal die häßliche Drohung in die Tat umzusetzen, aber an der Theke gibt es viele Ohren, Gerüchte reiten schnell, und bald heißt es, ach herrje, habt ihr's schon gehört, die haben Krach und kriegen die Jagd nicht mehr – was die Zahl der Anwärter und Bewerber unweigerlich in die Höhe schnellen ließe...

So gefährlich können Thekengespräche unter Freunden werden. Das wußte auch Poldi, klar, und er stopfte nun Hubert den Mund, indem er sich beherrschte, den Bierstrahl wieder ordentlich in die richtige Bahn lenkte und das schaumgekrönte Produkt seiner Künste, das ja eigentlich mir hätte gehören sollen, vor ihn hinstellte. Eine noble

Geste des Hauses. Bittesehr, Prost, zur Gesundheit, die »Krone« läßt sich nicht lumpen. Nicht, wenn es ums Jagen geht.
Doch auch Huberts rasch besänftigter Groll war zu verstehen. So konnte es ja tatsächlich nicht weitergehen. Es sah ganz so aus, als würde der Wind bis Pfingsten nicht umschlagen, und wenn der alte rote Schlaukopf und Hühnerfreund beim vorherrschenden Nordwest ganz einfach nicht zu kriegen war, dann mußte man zusehen, daß man schon am allerfrühesten Morgen in seinem Nacken saß und ihm einheizte, wenn er vom Dorf zurückkam oder, dessen einmal überdrüssig, nur den Misthaufen inspizierte. Man mußte also, gegen den Wind, rechtzeitig den Hochsitz beziehen, und zwar von hinten, aus dem Wald kommend. Und das wiederum war nur dann möglich, wenn man nicht erst aus dem Dorf antrabte, sondern schon in der Finsternis zur Stelle war. Womit die Wahnsinnstat, bei dieser Saukälte in einer dünnhäutigen Sommerjagdhütte mitten im Wald zu übernachten, eine zumindest für Jäger einigermaßen verständliche Erklärung findet. Andere Leute, normale Leute ohne den grünen Wirkstoff im roten Blut, die nicht von fuchsgeschädigten Freunden gehänselt oder gar auf so bösartige Weise bedroht werden, können so etwas freilich nicht verstehen. Wie denn auch.
Als ich vor Kälte zitternd die Petroleumlampe anzündete, konnte ich es auch nicht mehr verstehen. Mein Atemhauch wehte wie ein Banner jagdlicher Unvernunft durch den Raum, das kleine Öfchen jammerte frostig, und das in der alten Waschschüssel vorsorglich bereitgestellte Waschwasser hatte eine dicke Eishaut bekommen. Anstelle der äußeren Benetzung mußte eine innere treten. Ein kleines Schlückchen aus dem Flachmann – das tat von Herzen gut. Aber nur ja nicht zuviel. (Du saufen Schnaps, ist wie Hose pissen: Zuerst wird warm, dann um so kälter. Altes russisches Sprichwort.) So, und nun schlüpfte ich in den mitgeschleppten Ansitzpelz und war damit wohl rundherum dicht. Tür auf zu neuen Taten! Ging nicht. Ich stemmte mich mit Gewalt dagegen: eine ganze Menge Neuschnee schob sich da draußen knirschend zusammen. Schlafsack und Decke wollte ich später holen, denn eine Wiederholung des Experiments stand nicht auf dem Programm, dessen war ich sicher, ob ich den schlauen Burschen nun bekam oder nicht. Noch eine Nacht hier draußen – nein, danke!
Ein Pirschsteig führte von der Hütte durch den ziemlich steil ansteigenden Fichtenbestand bis hinauf an den Waldrand, an dem der Hochsitz stand. Im Sommer war das ein beliebter Spazierweg, besonders zur Zeit der Rehbrunft, wenn man hemdsärmelig dahinschlenderte, hier

ein wenig nach Luft schnappte, dort ein wenig blattete und auf ein großes Wunder hoffte. Aber heute bei dieser Saukälte und der fast wadentiefen Neue war es kein reines Vergnügen, vorwärts und aufwärts zu stapfen durch den Schnee, der hier – zum Teufel! – auf blankem Eis lag und dort auf tückischen Wurzeln. Aber ich dachte, ihn verwünschend, an Hubert und seine Hennen und wie ich ihm ganz groß den Fuchs vor die Türschwelle legen würde. (Damals hatten wir gerade einmal keine Tollwut.) Hubert würde verwundert und anerkennend die Augen rollen, und diese Vorstellung gab mir Kraft. Dennoch war ich schweißnaß am dickbepelzten Rücken, als ich endlich in noch stockdunkler Nacht die lumpigen dreihundert Meter Steigung hinter mir hatte und die Geländefalte erreichte, in deren Schutz ich bis hin zum Hochsitz am Waldrand gelangen konnte, ohne daß jede Fichte rechts und links des Pirschsteigs ihre Schneelast in meinen Pelzkragen abschüttelte. Naßgeschwitzt und dann Eiseskälte und still sitzen droben in luftiger Höh' – das soll nicht sehr gesund sein, behaupten die Ärzte.

Ein Blick auf das Leuchtzifferblatt der Uhr: In zehn Minuten müßte das allererste Grau im Osten kommen. Die Kälte hatte mich rechtzeitig geweckt, wie gut. Viel später hätte ich nicht hier vor Ort sein dürfen. Ein letztes Lauschen rundum in die Gegend. Schreckte da irgendwo ein Reh? Alles war ruhig. Ich hatte den Weg hier herauf leidlich still hinter mich gebracht. Ein letztes Schnuppern: Wie stand der Wind heute früh? Hatte der Schnee ihn etwa umgedreht in der Nacht? Nein, aus Nordwesten kam er, wie fast immer, nicht zu stark, nicht zu schwach, gerade richtig mir ins Gesicht, um den Heimkehrer zu erwarten, der, mit oder ohne Huhn im Fang, auf dem Weg zu seinem Bau dort halbrechts drunten in der Senke im Wald vielleicht noch rasch den Misthaufen besuchen würde, um nachzusehen, was es dort Neues gab. Und bis dorthin waren es immerhin hundertdreißig Meter, und allzu sehr frieren durfte ich wirklich nicht beim Schuß, damit die Kugel nicht wackelte, denn so ein zähes, füchsisches Leben ist schon ziemlich klein auf diese Entfernung, auch im sechsfach vergrößernden Zielfernrohr.

Also noch rasch ein kleines Schlückchen, und dann die steile Leiter hinauf. Gestern hatte es noch getaut, und jetzt waren die Sprossen natürlich beinhart vereist. Leute, das ist kein Spaß. Aber wem sag ich das. Schließlich war ich droben, nun vor überstandener Angst schwitzend statt vor Anstrengung. Ich drehte das Sitzbrett um und fegte den Schnee von den Auflagen rundum, und dann ließ ich mich seufzend

nieder, lud die Kombinierte mit der kleinen, schnellen Kugel und grobem Schrot und lehnte sie in eine Ecke. Ein kurzer Rundblick mit dem Fernglas war nun höchst angebracht. Der Misthaufen da drüben sah aus wie eine finstere Ritterburg mit einem weißen Schneedach. Nicht schlecht, so ein Misthaufen. Wenn man wüßte, daß in den nächsten Jahren immer wieder einer da wäre, würde es lohnen, aus dem leider offenen Hochsitz eine geschlossene Kanzel zu machen. Der zornige Hubert fiel mir wieder ein. Na ja, vielleicht würde die geschlossene Kanzel wirklich der nächste Pächter bauen...
Leider offen, jaja. Und den Wind mitten im Gesicht, und die tränenden Augen! Und das nun einsetzende Morgengrauen, bei dem man immer meint, es würde gerade jetzt um ein paar Grade kälter. Ist das wirklich der Fall, oder redet man sich das nur ein, um wieder einmal zum Fläschchen greifen zu dürfen? Huh, wie kalt es hier droben ist! Ah, wie gut das tut! Aber nur ja keinen zu großen Schluck, sonst – altes russisches Sprichwort.
Da saß ich nun und wartete, den dicken Pelzkragen hochgestellt, die Hände samt Pelzfäustlingen und Wollhandschuhen mit Schießfinger in den Taschen vergraben. Eigentlich war es wunderschön, so absurd die Situation auch war, in die Hubert mich gehetzt hatte. Es schneite nicht mehr, der Wind war gerade noch erträglich, die Füße in den dick gefütterten Winterstiefeln waren noch nicht kalt, und aus dem Morgengrauen wurde ein zartes, liebliches, schüchternes Morgenrosa. Schließlich kam die Sonne heraus, eine ganz langsam über die Felder sich erhebende gelbrote Orange, zuerst zögernd, dann immer rascher hob sie sich hoch, und sie blinzelte mir in meine tränenden Augen, als wollte sie ganz verwundert sagen: »Ach, du bist es? Was machst denn du schon hier draußen?«
Ich blinzelte schläfrig und frierend zurück und dachte: Wenn ich's doch nur selber wüßte, was mich Dummkopf hier draußen ausharren läßt in dieser Irrsinnskälte, anstatt mich wie Hubert im warmen Bett zu wälzen und die Jäger mit häßlichen Sprüchen zu peinigen, bloß weil der Fuchs hin und wieder Appetit auf Hühnchen hat, auf Stall- und Obstgartenhühnchen, denn die abscheulichen Legebatterien gibt's bei uns glücklicherweise noch nicht. Nein, ich verrückter Hund muß hier sitzen und frieren, damit mein böser Freund Hubert ruhig schlafen kann. Aber du, liebe Sonne, bist auch mit schuld daran, daß ich hier sitze und dir ins aufgehende Gesicht starre, du altes Weib. Bei den Franzosen bist du männlichen Geschlechts, die sagen »der« Sonne und lustigerweise »die« Mond. Aber so sind sie eben, die Franzosen, die

müssen immer alles ein wenig anders haben, und wenn's nur ein klitzekleines bißchen anders ist. Die trinken den Kaffee ja auch aus Schalen ohne Henkel, aber sie wissen ganz genau, warum: damit sie sich die Hände wärmen können an der henkellosen Schale, die Schlauköpfchen, von denen könnten wir Jäger was lernen, unsereiner friert und friert, und die wärmen sich die Hände an der Kaffeeschale! Na so was! Heißer Kaffee, Gott, wär' das schön jetzt, nur ein Schlückchen. Was bleibt mir anderes übrig, anstelle des heißen Kaffees? Ein kleiner Griff zum kleinen Flachmännchen. Aber auch der ärgste und säuerlichste Anti-Prediger würde mir das verzeihen, wenn er hier so fröre wie ich. Fuchs, wo bleibst du?
Doch wo war ich stehengeblieben mit meinen dummen Gedanken? Ach ja, weiß schon:
Aber bei uns bist du weiblich, Sonne, *die* Sonne bist du, eine uralte Dame freilich, und den Jägern sagt man nach, daß sie uralten Damen gern aus dem Weg gehen und es lieber mit den jüngeren halten. Auch unsere Damen daheim werden alt und runzelig mit der Zeit, genau wie wir Männer, nur du, Sonne, mit deinen Jahrmilliarden bist immer gleich schön anzusehen, wenn du aufgehst am frühen Morgen – siehst du, du bist mit schuld daran, daß ich hier hocke wie ein Irrer und friere, weil ich dich immer wieder gern aufgehen sehe in all deiner Farbenpracht und dabei immer wieder nachdenken muß, wie lange es mir noch vergönnt sein wird, dir beim Aufgehen zuzusehen. Denn am Mittag läßt du dir ja nicht mehr in die Augen blicken, da wirst du stolz, da bist du zu grell, da machst du uns Menschlein blind, wenn's einer mutwillig versuchen würde, dir über Gebühr lang in die Augen zu starren. Auch darin unterscheidest du dich von unseren Damen, die das mitunter ganz gerne mögen, wenn man ihnen lang in die Augen starrt.
Der Schnee lag nun goldüberglänzt da, der Himmel war morgenblau, die Wälder standen dunkel, stumm, schneeüberzuckert hinter den Feldern, und weit dort draußen, vom Dorf her kommend über die ebene Flur, störte etwas meine kälteschlotternden lyrischen Gedanken. Ein Punkt war es, ein schwarzer, der sich hinter mein Schwärmen setzte und ihm ein Ende bereitete, sich in die Wirklichkeit einschmuggelte, in die beinharte Realität eines Tagesanbruchs, so schön er auch sein mochte, und meine Hand statt – schon wieder! – zum Fläschchen viel vernünftiger zum Fernglas lenkte.
Ferngläser sind bei Minustemperaturen ein übles Teufelszeug und neigen nur allzu leicht zum »Beschlag«, der freilich nicht so positive jagdliche und jagdbare Folgen hervorbringt wie etwa der des Hirschtiers

oder der Rehgeiß – ganz im Gegenteil. Der Beschlag des Fernglases, hervorgerufen durch warmen Atemhauch und Atemruch auf eiskalten Okularen, ist ein Ärgernis ohnegleichen für den zwar hoffentlich nicht schußgierigen, aber doch sicher anblickgierigen Jägersmann, der sich plötzlich trotz herrlichem Wintersonnenschein einer grauen Nebellandschaft gegenübersieht und wütend die Okularlinsen bearbeitet, sei es, so man in der Schnelle bei der Hand hat, mit einem blütenweißen Taschentuch, oder auch nur mit dem blanken Zeigefinger, was, wie man hört, infolge des Fettgehalts der Haut auf die Dauer auch nicht so ganz das Richtige für die Beläge der Linsen sein soll.
Und dann beginnt das große Fluchen, wenn die Wirkung dieser brutalen Maßnahme nicht vorhält, zumindest nicht länger als bis zum nächsten tiefen Ausatmen, und Einatmen und Ausatmen muß der Mensch nun einmal, was soll's, schon gar, wenn in jagdlicher Erregung das Herz ein wenig schneller schlägt und die Atemzüge ein wenig flotter kommen. Man flucht also und gibt die Schuld ganz leichtfertig den vom Handel so lautstark gepriesenen Anti-Beschlagmitteln. Denn diese halten meist auch nicht das, was ihre Hersteller versprachen. Nicht etwa, daß ich ihrer Qualität, die gewiß auch Unterschiede aufweisen mag, oder gar den Erzeugern allzu nahe treten möchte. Ich räume vielmehr die hochprozentige Wahrscheinlichkeit ein, daß der Jäger das Mittelchen anzuwenden vergaß oder einer vor Monaten erfolgten Anwendung Ewigkeitswirkung zuschrieb – wie dem auch sei.
Da griff ich also, wie schon beschrieben, aus meiner lyrischen Gedankenwelt aufgeschreckt, anstatt nach dem Fläschchen zum Fernglas und kämpfte wacker mit dem eisigen Beschlag, wischte ihn mit dem Pelzfäustling fort, so gut es ging, und sah den zunächst dunklen Punkt – es gibt ihrer genug im Jägerleben – rasch größer werden und näher kommen. Nun war der Punkt tatsächlich ein Fuchs, brandrot auf goldigem Sonnenschneeweiß! Er hatte keine Henne im Fang, war also erfolglos geblieben an diesem Morgen, näherte sich aber dennoch guten Mutes und zielstrebig auf seinem alten Paß dem nun sonnenbeschienenen Misthaufen mit dem weißen Schneedach darauf.
Das Fernglas, nun einigermaßen freigewischt von brunftlosem Beschlag, sank zur Brust, da mochte es nun wieder beschlagen im hastig nach unten pfeifenden Atem, und meine Linke streifte rasch den dicken Pelzfäustling von der Rechten – und mit ihm, unabsichtlich, auch den Wollhandschuh darunter mit dem so praktischen Schießfinger. Großer Schreck. Aber beide fielen lautlos in den Schnee am

Bretterboden des Hochsitzes und störten den Fuchs nicht, der nun innehielt, längseits des im Frost rauchenden Misthaufens: ein Bild für kunstbesessene Götter, pastellfarbig rot gegen mistigen, schneeübergossenen Hintergrund, eine Zielscheibe in höchster Vollendung, um Klassen besser als der bunt gedruckte Fuchs auf dem Hundertmeterschießstand, mit einem Wort: Besser ging's nimmer!
Und er hielt still! Hatte den Fang erhoben, war voller Wachsamkeit in dieser bösen Welt, in der es zwar leckere Hühnchen gab, nicht nur in den betonumfriedeten Monsterstallungen der Legebatterien, sondern auch knackige Hühnchen in leicht zugänglichen Hühnerhöfen gleich hinter den Obstgärten; aber in dieser bösen Welt gab es auch den Tod, und nichts sei so sicher wie dieser, behaupteten die großen Zweibeiner mit dem brüllenden und beißenden schwarzen Stock.
Nichts so sicher wie der Tod. Der Fuchs hatte zwar noch nie einen Menschen diese Plattheit erzählen hören, aber er kannte sie dennoch, diese Weisheit. Man mußte ihm nichts erzählen. Er kannte alle Platt- und Weisheiten, die er brauchte in seinem Leben. Und er wußte, warum er voller Wachsamkeit war.
Bei zwölf Grad unter Null und eisigem Wind ist so ein Wollhandschuh mit Schießfingerschlitz eine feine Sache. Hat man ihn nicht – wie rasch schnappt doch die Kälte zu wie ein nicht eingefrorenes Fuchseisen und läßt das Blut erstarren! Doch in solchen bösen Situationen ermannt sich der Jäger erst recht, wie ein Indianer kennt er keinen Schmerz und ist gelassen bereit zum jagdlichen Quantensprung. Hundertdreißig Meter sind für das blitzschnelle kleine Biest, für das winzige Kügelchen, doch wahrhaftig kein großes Wunderwerk. Man muß den für Punktschüsse konstruierten lächerlichen Sausewind nur richtig loswerden. Man darf nicht innen vor Jagdfieber schwitzen und außen vor Kälte zittern. Man sollte, wenn schon ohne Schießfingerhandschuh und mit ungeschütztem Zeigefinger, doch wenigstens mit diesem Nakkedei nicht an das eiskalte Metall des Abzugsbügels streifen, bevor man das schmerzlich-mühselig eingestochene Züngel berührt. Man sollte doch wenigstens tief ein- und ausgeatmet und den Kolben liebevoll, aber fest in die viel zu dicke Pelzschulter eingezogen haben, bevor...
Schon zu spät. »Halt, halt!« kann man – meist völlig ohne Erfolg – einem abfahrenden Zug oder einer Frau hinterherschreien, aber nicht einem so flinken Kügelchen. Auch einem viel langsameren nicht, so gern man es oft möchte.
Dort drüben fuhr ein roter Filzstift schnell wie ein Blitz über den

weißen Schnee, fort zum Waldrand, fort außer Sicht, doch leider niemals fort aus schmählicher Erinnerung. Wie gut und tröstlich, wenn man gleich weiß, daß man irgendwo im Misthaufen abgekommen ist und kein bißchen roter Balg mit im Spiel war. Da kann man sich wenigstens den bitteren Weg zum Anschuß ersparen. Da ist es schon vernünftiger, resignierend den Schießfingerhandschuh samt Pelzfäustling wieder anzuziehen, steifbeinig und vorsichtig die vereiste Leiter runter abzubaumen und zurück zur Jagdhütte zu wandeln, diesmal wenigstens bergab. Dort bündelte ich Schlafsack und Pferdedecke, warf sie mir über den Rücken, schloß die Fensterläden, versperrte gedankenvoll die Tür und tat einen Schwur:
Nie wieder eine Winternacht in sommerlicher Hütte!
Mannhaft ertrug ich die Kränkungen, den Hohn, mit dem Hubert mich übergoß, fast eine Woche lang. Doch am sechsten Abend – allerdings war es viel, viel wärmer geworden! – brach ich den Schwur, und am siebten Morgen war er mein, der prachtvolle Rüde...

Roter Schweiß und gelber Neid

Rot ist die Farbe der Liebe, vielleicht weil es eine warme, kräftige Farbe ist, aber auch die Farbe des Schweißes, mit dem nach ordentlichem Schuß das Leben des Wildes dahinrieselt und in Sekundenschnelle vergeht. Grün ist die Farbe der Hoffnung, aber wir Jäger sehen das Grüne nicht gern am Anschuß, wenn das Wild nicht gleich unmittelbar daneben liegt. Blau, heißt es, sei die Farbe der Treue, doch für uns hat das Blau eine eher schelmische Bedeutung, und seine Folgen sind oft genug nicht sehr erfreulich. Gelb gibt's meines Wissens nicht in der Jägerei, es sei denn, der Blick schweife dahin über die besonnten Weizenfelder, die sich kurz vor der Ernte sanft wie ein ruhiges, stilles Meer im Winde wiegen. Und so haben eben alle diese gedanklichen oder philosophischen Farbzuweisungen für bestimmte Gefühle oder Zustände für uns Jäger einen Doppelsinn und sind uns in gewisser Weise verdächtig. Das trifft auch für den Titel der nun folgenden Erzählung zu. Nicht »gelbster« Neid war es, der Hannes widerfuhr, sondern eine exemplarische Zurschaustellung traurigster, also »schwärzester« (um wieder ein farbiges Bild zu gebrauchen) menschlicher Schwächen.

*

»Merkwürdig ist es schon«, sagte Hannes und lehnte sich behaglich zurück in sein breites Polstermöbel, streifte dabei seine Trophäenwand mit einem nachdenklichen, fast resignierenden Blick. »Der Mensch behält die guten Minuten seines Lebens, die guten Erinnerungen meine ich, glücklicherweise viel länger im Gedächtnis als die schlechten...«
Ich gab keine Antwort, und der Krieg fiel mir ein und die paar Jahre danach, in denen ich fast jede Nacht schweißgebadet aus wirren Alpträumen erwacht war. Es waren keine guten Minuten, die es damals zu verdrängen galt, und heute ist das alles längst vorbei. Und dann

sprachen wir von Erinnerungen, von schöneren Erinnerungen, die man nicht verdrängen, sondern nicht verlieren durfte, und was ist da nicht alles aus einer Trophäenwand herauszuholen an Erinnerungen! Nur dazu gibt es sie ja. Sie ist weder barbarischer Raumschmuck noch Sammlung von oft allzu mühelos und gedankenlos erbeuteten Skalps. Sie ist, ganz kurz gesagt, nur Stütze der Erinnerung an schöne und auch böse Stunden im Revier. Und fast ist es doch so, daß man sich gerade die bösen eher merken sollte als die schönen. Als Warnung. Damit sie sich nie mehr wiederholen...

»Schau dir die Böcke an, da an der Wand«, sinnierte Hannes, und während er, wie es so seine gutmütige Art war, ein wenig weitschweifig dies oder jenes erwähnte, was der einen oder anderen Trophäe mehr oder weniger Erinnerungswert zusprach, folgte ich seiner Aufforderung und sah genau hin. Wir kannten uns schon viele Jahre, wie Jäger einander eben kennen, aber es war das erste Mal, daß ich bei ihm zu Hause war. Und der Eindruck, den Hannes als Mensch und Jäger bei flüchtigem Zusammensein gemacht hatte, bestätigte sich hier. In Abwandlung eines allgemein gebräuchlichen Sprichworts muß es unter Jägern so heißen: Zeig mir deine Trophäenwand, und ich sage dir, wer du bist. Verglichen mit der Zahl seiner Jagdjahre nahm sie sich einigermaßen bescheiden aus, denn er war weder ein Viel- noch ein Schnellschießer. Er gehörte zu den Typen, die sich alles hart errennen oder ersitzen müssen, wohl eher ersitzen, jedenfalls zäh erarbeiten. Das Wild lief ihm nicht gerade nach wie so vielen anderen, und er sah sich seine Rehe lieber drei- oder viermal genau an, bevor er an das Züngel tippte. Und das ist – so sagen viele – schon um zwei- oder dreimal zuviel. (Das behaupten die, die unfehlbar und göttergleich schon beim ersten Hinsehen alles sehen und verstehen.) Aber das störte Hannes nicht, was die anderen sagten oder gar tuschelten. Er war sein eigener Staatsanwalt und Richter und Verteidiger, und darum waren ihm auch die Fehlabschüsse, die von den anderen, die so viel reden, verschämt in staubigen Schachteln auf dem Speicher versteckt oder zum Knopfdrechsler gebracht werden, ein gar nicht so billiges handgeschnitztes Geweihschild wert. Sie hingen an der Wand wie ihresgleichen, die Fragwürdigkeit gelehrter Klassifizierung betonend, aber auch zur Mahnung: Nie wieder!

Möglichst nie wieder. Doch des Menschen guter Wille ist zu unvollkommen und reicht bei weitem nicht aus.

Da hingen des weiteren ein Dutzend brave Böcke, nichts Kapitales darunter, und alles andere drumherum, mit Ausnahme der wenigen mit

der »roten Ampel«, waren Abschußböcke oder gar abschußnotwendiges »Graffelzeugs«, wie manche es so gedankenlos-lieblos nennen.
In der Mitte der Wand aber, von Rehkronen gebührend umgeben, eingerahmt wie im Ring ein kostbarer Stein von der goldenen Fassung des Juweliers, als etwas Besonderes unter dem ja doch mehr Alltäglichen, hing ein Hirschgeweih. Wohlbemerkt: ein einziges. Ein paar Gams noch, aber nur ein einziger Hirsch, und auch der war nur ein ganz, ganz bescheidener, einer jener »ewigen« Bergachter, die es zu nichts mehr bringen als den immer wiederkehrenden acht kurzen Enden, und das Geweih war noch dazu verstümmelt: Links war der Augsproß zersplittert, und oben gab's eine kümmerliche Gabel. Die rechte Stange war zwei Handbreit unterhalb der Gabel abgebrochen. Alle Bruchstellen fühlten sich splitterig an. Da hatte es vielleicht einen Kampf unter Rivalen in der Brunft gegeben. Diese Verunstaltungen konnten aber auch einem Sturz zuzuschreiben sein. Auch Hirsche stürzen ab in den Bergen, nicht nur Menschen...
Wenn auch nicht so oft wie die Menschen und nie auf manchmal so allerdümmste Weise.
Ich wußte, daß es Hannes' erster und bisher einziger Hirsch war, denn er hatte kaum Gelegenheit gehabt, auf Hochwild zu waidwerken, und das bezahlte Schießen im Ausland lag auch ihm nicht so recht, wenn er es sich vielleicht auch hätte leisten können. Die näheren Umstände aber kannte ich noch nicht. Er sah meine forschenden Blicke, nippte ein wenig an seinem Roten, stellte das Glas mit aller Bedachtsamkeit zurück auf das Tischchen unter der Leselampe.
»Mein erster Hirsch«, sagte er, »und vermutlich auch mein letzter.«
Und wenn er es auch nicht aussprach, so wußte man doch, was da so alles unausgesprochen mitschwang und mitklang: daß einem »das Erste« eben ganz besonders und unwiderruflich im Gedächtnis haftenbleibt, mehr als alles das, was nachher noch als Wiederholung kommen mag, und ganz egal, wie oft es sich wiederholt. Unauslöschlich sind der erste Has', das erste Reh – dem Jäger. Der erste Kuß, die erste Frau – dem Mann.
»Erzähl schon!«, sagte ich.
»Glaubst mir ja doch nicht alles«, meinte er achselzuckend. Aber seit ich seine Trophäenwand gesehen und überdies auch schon vorher erlebt hatte, daß er nicht zu den Scheinheiligen und den Angebern zählte, war ich bereit, ihm so ziemlich alles zu glauben. So ziemlich.
»Stell dir eines von diesen eher unterdurchschnittlichen Mittelgebirgsrevieren vor, klein, karg und schattseitig gelegen. Der Wildstand nicht

gerade überwältigend, aber genau das ist das Schöne dort: das Revier ist überschaubar von einem Ende zum anderen. Die Größe erdrückt dich nicht. Und dennoch ist alles großartig. Das Jagdhaus liegt unmittelbar an der Paßstraße auf ungefähr neunhundert Meter Höhe, und drumherum stehen wie die Kegel auf einer Kegelbahn ein paar Anderthalbtausender und ein bißchen drüber – nicht weiß Gott was Riesiges, vor dem man sich fürchten muß, aber zum Schwitzen reicht's vollauf, und es ist alles da, was man sich unter einer Gebirgsjagd vorstellt: Hochwald, weite grüne Almböden und drüber dann die Felsen, grau und steil.«
»Und du hast den Pächter gekannt?«
»Den Pächter und den Jagdaufseher. Der Jagdaufseher ist nebenbei oder hauptsächlich, ganz wie man will, Bergbauer. Er wohnt im Jagdhaus und der Pächter weit weg in der Stadt. Das ist manchmal nicht besonders gut für die Reviere, und manchmal klappt es wunderbar. Es kommt eben ganz auf die Menschen an.«
Er runzelte ein wenig die Stirn und fuhr fort: »Wie überall und jederzeit... Wenn Jagdgäste da waren, schliefen sie bei Sauwetter drunten im Jagdhaus und bei Schönwetter droben in der Jagdhütte. Drei Stunden zu Fuß, ziemlich steil, bis hinauf. Und dann, na ja. Viel durfte man sich nicht erwarten. Es gibt luxuriösere Jagdhütten, die den ehrlichen Namen ›Hütte‹ gar nicht mehr verdienen. Ein verfallener Almstall. Keiner will die Alm mehr bewirtschaften, unrentabel, sagen sie und werden wohl recht haben, und so verkrautet eben der Boden und verfallen der Stall und die einstige Behausung des Hütepersonals. Ein einziger Raum ist noch da, den man bewohnen kann.« Er grinste sich eins. »Bewohnen! Drei Bettgestelle mit alten Strohsäcken und ein paar Decken. Ein alter Eisenherd. Eine Petroleumlampe und ein bißchen Kochgeschirr, nur das Nötigste. Urig, aber schön. Wie schön, das merkst du erst, wenn du vor die Hütte trittst und dich umsiehst. Der Rundblick greift dir ans Herz und macht dir erst so recht bewußt, wie eingesperrt du bist in der Stadt. Drunten im Tal die Häuser nicht größer als Streichholzschachteln. Außer bei Nebel. Da meinst du, droben im Himmel sei großer Waschtag. Keine Hand siehst du vor Augen...«
Er verstummte.
»Schattseitig«, sagte ich, weil er es erwähnt hatte, »Oktober«, sagte ich, weil ich es vom Geweihschild abgelesen hatte, »wenig Rehe im Revier, keine Brunftplätze für das Hochwild, hin und wieder ein Durchzüglergams oder zwei...«
»Woher weißt du das?« fragte er erstaunt.

»Kann mir's denken. Ich kenne diese kleinen Bergreviere. Irgendwie ähneln sie einander alle. An manchen Tagen meint man, sie seien völlig wildleer. Die Verzweiflung packt dich. Auch wenn du nicht schußgierig bist, willst du doch wenigstens hin und wieder ein Stück Wild sehen. Dann wieder, je nach Wind und Wetter, sieht alles ganz anders aus. Man darf den Mut nicht verlieren in diesen kleinen Revieren irgendwo an der Schattenseite einer Bergflanke, wo man schon meint, hier sei die Welt zu Ende. Und schließlich hat's ja auch bei dir geklappt.«

»Ja«, nickte er. »Obwohl es, ganz wie du es beschreibst, zuerst gar nicht danach aussah. Trostlos, sage ich dir. Und dann hab ich ihn am hellichten Tag buchstäblich im Spazierengehen geschossen. Weil es so hat sein müssen.« Er lächelte. »Zuerst haben wir schon geglaubt, es geht alles schief.«

»Wer ist *wir*?«

»Du kennst ihn nicht«, sagte Hannes. »Ein Arbeitskollege. Auch ein Jäger. Heinrich hieß er. Heißt er. Und er verstand damals genausowenig vom Hochwild wie ich. Wir waren beide Kinder des bewaldeten Hügellands. Wir verstanden etwas von Reh, Fuchs, Hase und Fasan, aber kaum etwas vom Hochwild, schon gar nicht vom Hochwild im Gebirge. Denn das ist mit dem drunten in den Auen oder sonstwo kaum zu vergleichen. Und dann bekam ich plötzlich eine Einladung auf einen Berghirsch. Kannst dir denken, wie sehr ich mich gefreut habe. Kannst dir aber auch denken, wie unsicher ich der ganzen Situation gegenüberstand. Der Jagdherr – er hätte mein Vater sein können, dem Alter nach. Ich kannte sein Revier, ich hatte schon einige Rehe, Geißen und Böcke, bei ihm erlegt, aber nun plötzlich die Einladung auf einen Hirsch – und er hatte doch nur insgesamt zwei oder drei zu schießen, das war von Jahr zu Jahr verschieden. Ich war ganz verdonnert...«

Er nahm wieder ein Schlückchen von seinem Roten und fuhr dann fort: »Keine Hexerei, wenn alles so gelaufen wäre, wie geplant. Entweder der Jagdherr selbst oder der Jagdaufseher wären mit uns hinauf zur Hütte gegangen, wären mit dabei gewesen, hätten uns nicht mit unserer Unerfahrenheit allein gelassen. Aber dann kam eben alles anders, und wir –«

»Was soll denn das. Schon wieder *wir*. Was hat es auf sich mit diesem Heinrich? Wer war nun auf einen Hirsch eingeladen, du oder er?«

»Ich. Aber ich mochte Heinrich gut leiden. Er war ein liebenswürdiger Bursche. Er konnte eine ganze Tischrunde allein unterhalten. Er war

mir sympathisch. Er stammte aus dem Nachbardorf und hatte noch nie ein wirkliches Bergrevier gesehen. Weiß der Teufel, ich hab es ganz einfach gut gemeint mit ihm und auch mit mir, denn ich wußte, wie lang eine Woche dort droben am Berg werden kann und wie schön es ist, einen guten Kumpel bei sich zu haben. Droben am Berg brauche ich kein Fernsehen und keine Ziehharmonika zum Hüttenabend, aber ein guter Kumpel ist immer was wert bei der Jägerei. Und so habe ich«, Hannes seufzte ein bißchen, »den Jagdherrn gebeten, ob ich meinen Kumpel Heinrich mit hinaufnehmen dürfe. Und stell dir vor, er war sofort einverstanden, obwohl er ihn doch kaum gekannt hat.« Er überlegte kurz und fügte hinzu: »Eigentlich hab ich ihn auch nicht besonders gut gekannt.«
»Ein großzügiger Jagdherr«, meinte ich. »So ein Exemplar wird heutzutage wohl kaum mehr so rasch zu finden sein.«
»Ja«, nickte er. »Er war eine Seele von Mensch. Aber noch ging's ja nur um die Begleitung, um sonst nichts. Um's Gesellschaftleisten droben in der Almhütte. Für Heinrich bedeutete das vorerst nur ein paar Tage an der frischen Luft, nichts Jagdliches. Aber der Fall entwickelte sich dynamisch, und zwar durch äußere Zufälligkeiten, die im voraus nicht abzusehen gewesen waren. Der Reisetermin stand fest, und wenn du keine telefonische oder telegrafische Absage erhältst, fährst du doch los, oder? Wir fuhren mit zwei Pkws, da Heinrich anschließend noch weiter nach Süden fahren, ich hingegen nach Hause wollte, und als wir im Jagdhaus an der Paßhöhe ankamen und die Autos auf dem brutal freigebaggerten Parkplatz neben dem Haus abstellten, ging es schon los. Anna kam heraus, die Frau des Jagdaufsehers, und begrüßte uns mit grämlichem Gesicht. ›Was ist los, Anna?‹ fragte ich.
Einiges war los. Franz, ihr Mann, hatte über Nacht auf seinen Blinddarm verzichten müssen und lag noch im Krankenhaus. ›Der kommt erst morgen und kann euch nicht führen‹, sagte sie. ›Und vom Jagdherrn liegt droben etwas für euch auf dem Tisch, was Schriftliches.‹ Sie zuckte ein wenig geringschätzig die Achseln. ›Der kommt auch nicht!‹
Wir polterten die Holztreppe empor, und droben, im Jägerstübchen, lag tatsächlich ein Brief für mich mitten auf dem Tisch, beschwert mit einer leeren Blumenvase.
Er müsse überraschend fort, eine Geschäftsreise, und könne nicht kommen, stand in dem Brief. Aber das sei ja nicht schlimm, Franz würde schon aufpassen auf uns Anfänger, im übrigen sei jeder einmal Anfänger gewesen. Und da ich ihm Heinrich so sehr ans Herz gelegt habe, hätte auch er ein Tier frei oder ein Kalb, ich solle ihm aus dem

Waffenschrank eine seiner Büchsen geben, aber den einen, einzigen Gams, den er frei habe in diesem Jahr, gedenke er mit Hubertus' und des Terminkalenders Hilfe selbst zu strecken, den Gams sollten wir gefälligst in Ruhe lassen, und so ging es weiter in seiner launigen, gutmütigen Art, und der Brief schloß mit einem ›Waidmannsheil‹ und der Mahnung: ›Bevor ihr einen allzu großen Blödsinn macht, laßt den Schuß lieber im Lauf, dort tut er niemandem weh!‹«

Hannes pausierte, und ich begann mir mein Teil zu denken, Gutes dachte ich und auch weniger Gutes, und ich fragte mich, ob der Jagdherr auch so großzügig gewesen wäre, hätte er vom Ausfall seines Jagdaufsehers gewußt, denn es gehört eine ganze Menge Vertrauen und Gutmütigkeit dazu, zwei — wenn schon nicht Jungjäger — so doch Hochwildneulinge unbeaufsichtigt in ein Revier hineinzulassen.

Hannes war es nicht recht wohl zumute, das sah man ihm an, obwohl doch das Ereignis selbst schon viele Jahre zurücklag. »Was hätte ich tun sollen?« fragte er so fatalistisch, daß ich lachen mußte. »Es lastete plötzlich eine Entscheidung auf mir, wohl auch eine Mitverantwortung. Sollten wir beide nach Hause fahren? Der Jagdherr nicht da und der Jagdaufseher krank — es lag nahe, ganz einfach aufzugeben. Aber unser Urlaub war nicht mehr zu verschieben und die ohnedies schon ausklingende Hirschbrunft auch nicht. Also bleiben, das schöne Wetter genießen und im Zweifelsfall die Kugel im Lauf lassen. Die schriftliche Weisung des Jagdherrn war deutlich genug gewesen, an sie mußten wir uns halten.

Dann machte ich mich daran, Heinrich mit einer Büchse auszurüsten. Angesichts solcher Großzügigkeit hatte ausnahmsweise auch er einmal die Sprache verloren. Tier und Kalb freigegeben von einem ihm Unbekannten, nur auf mein blauäugiges Wesen hin, das war doch gewaltig. Wir standen vor dem Waffenschrank. Wo der Schlüssel versteckt war, das wußte ich. Drei oder vier hochwildgerechte Büchsen standen da, alle perfekt, das wußte ich, es war völlig gleichgültig, welche ich Heinrich gab. Wäre gleichgültig gewesen. Aber ich wußte, welche des Jagdherrn Lieblingsbüchse war. Und genau die gab ich Heinrich nicht. Irgendeine kaum zu beschreibende Scheu hielt mich davon ab. Ich wüßte heute nicht, wie ich es dir erklären sollte. Es war ganz einfach so, daß Heinrich eine tadellose Büchse bekam, nicht aber das Lieblingsstück des Chefs. Ein gutes Fernglas hatte er selbst mit dabei. Die Frage der Ausrüstung war erledigt. Heinrich hatte den wohltuenden Überraschungsschock hinter sich und begann schon wieder seine Rolle als Alleinunterhalter zu spielen, er sprühte gute Laune, aber mir war es nach wie vor flau um die Mitte. Ich kann dir nicht sagen, warum.«

Ich hatte ihn kein einziges Mal unterbrochen, obwohl ich ihm hätte sagen können, warum ihm damals flau um die Mitte gewesen war.

»Wir aßen dann Abendbrot«, fuhr er fort, »Anna tischte Rauchfleisch auf und Enzianschnaps, selbst gebrannten, nicht aus dem Supermarkt, wirklich aus Enzianwurzeln, gallbitter, die reinste Magenmedizin, kein bißchen Chemie, und sie lachte über Heinrichs Späße, aber wir gingen frühzeitig hinauf in die Heia, weil der nächste Tag recht hart zu werden versprach. Wir schliefen ein, wohl beide mit nur sehr wolkigen Vorstellungen, was auf uns zukommen würde.

Drei Stunden brauchten wir zum Anstieg, und als wir uns droben im alten Almstall einrichteten und die prallen Rucksäcke ausräumten, waren wir ziemlich erledigt und hauten uns zunächst einmal auf die Strohsäcke, die längst wieder einmal einer neuen Füllung bedurft hätten, denn sie waren plattgelegen und rochen muffig. Aber wenn du hundemüde bist, ist es dir egal, du fühlst dich trotz aller Beschwernis frei und froh, und je mehr ich über die kommenden Tage nachdachte, desto zuversichtlicher wurde ich: Mit oder ohne Waidmannsheil, wenn sich das Wetter hielt, mußten diese paar Tage hier droben am Berg, einen guten Hüttenkumpel an der grünen Seite, zum Erlebnis werden.

Das Wetter hielt – leider. Im Grunde war es viel zu gut, viel zu trocken und föhnig für eine ordentliche Hirschbrunft. Es gab nur Schönwetter und blauen Himmel und nachts faustgroß und nah die Sterne: Oktoberglanz mit aller Pracht anstatt des Nebels und der Kälte, die wir gebraucht hätten, milder Wind statt rauhem Reif, und so war es auch nichts mit dem Röhren, mochten wir auch noch so sehr die Ohren spitzen und lauschen, es lief ganz einfach nichts.

Und natürlich machten wir auch einen Fehler nach dem anderen. Übereifrig morgens in der Finsternis schon ausgegangen und alles vertreten, anstatt zu warten, bis es schummrig wurde. Den Aufwind am Morgen und den Fallwind am Abend nicht genug beachtet. Vor allem: Nur an unser Rehwild gewöhnt, haben wir die Sinnesschärfe des Hochwilds weit unterschätzt.

Nun, in den ersten fünf Tagen bekamen wir mit Müh und Not zwei Stück Kahlwild in Anblick, aber weit, weit weg, tief unten in einem wildverwachsenen Graben. Wir waren entmutigt, ohne es uns einzugestehen. Aber abends in der Hütte, wenn die Petroleumlampe flackerte und stank und wir unseren hochprozentigen heißen Tee brauten und

Heinrich seine Jagdgeschichten erzählte, wahre und erlogene, da waren wir wieder vergnügt.
Am vorletzten Morgen trug es sich zu, für den nächsten Tag war schon der Abstieg geplant. Wir schlossen leise die Hüttentür und pirschten ganz langsam den nicht gerade bequemen, aber doch beinahe ebenen Steig entlang, der die Bergflanke querte. Berghänge oberhalb der Baumgrenze sehen nur auf bunten Ansichtskarten, aus weiter Entfernung aufgenommen, so glatt und freundlich aus. In Wirklichkeit sind sie meist von kleinen Wasserläufen gefurcht, und wo Wasser ist, gibt's auch dieses dichte, weit übermannshohe Erlengestrüpp, das auf den Ansichtskarten so harmlos und durchschaubar aussieht, als sei es nur Moos auf Gestein. Das Wild, das sich in dieser Wildnis aufhält, bekommst du überhaupt nicht in Anblick. Keine Chance. Eine solche hast du, wenn überhaupt, nur am Rand der Wassergräben, wo das Gestrüpp endet und der Blick ungehindert über die nur mit Heidekraut und vereinzeltem Buschwerk bestandenen kahlen Hänge hinauf und hinunter schweifen kann.
Nachdem wir einen dieser dichtverwachsenen Wassergräben gequert hatten, hielt Heinrich an und wisperte, daß er hier unter dem Gestrüpp in guter Sichtdeckung ansitzen wolle. Hochsitze, meinst du? Nein, die wirst du dort droben nicht mehr finden. Jeden Winter drückt sie der Schnee nieder, und eines Tages, nein, eines Jahres gibt man eben auf. Ich hab sogar Verständnis dafür. Wir drunten haben es leichter, da darf man nicht nachlässig sein. Aber dort droben kannst du nicht in Ruhe am Hochsitz deine Zeitung lesen, dort mußt du dir alles hart erpirschen.
Ich nickte Heinrich ein ›Waidmannsheil!‹ zu und tappte weiter in die Finsternis hinein. Der Steig schwingt sich dort frei und ausgesetzt über die kahle Flanke, und du hast das Gefühl, als würden dich tausend Lichter und Lauscher von allen Seiten her beobachten – ja, vielleicht ist sogar was Wahres dran an diesem Gefühl, und wenn's nur zwei Lichter und Lauscher wären statt tausend, so bist du dort als Jäger jedenfalls der Benachteiligte. Nicht du beobachtest, sondern du wirst beobachtet. Und so beeilte ich mich, von dem Kahlhang wegzukommen. Etwa dreihundert Schritt noch, dann gab es gleich oberhalb des Steigs ein in einer Krüppelfichte verborgenes winziges, morsches Sitzbänkchen. Als ich es erreichte, zog im Osten die erste Morgenblässe über den Bergen herauf. Jetzt erst hätten wir die Hütte verlassen sollen...
Ich richtete mich auf dem winzigen Bänkchen in recht guter Deckung

ein, lehnte den 7×64er Repetierer neben mich hin und schlug den Mantelkragen hoch. Untertags waren wir auf den verrotteten Bänken vor der Hütte hemdsärmelig in der Sonne gelegen. Aber jetzt war es ja doch empfindlich kalt.

Im ersten Schußlicht zog unten, fast schon an der Waldgrenze, eine Rehgeiß ihre Fährte. Ich wollte sie mir näher ansehen und griff zum Fernglas – doch da hing kein Fernglas vor meiner Brust, ich hatte es in der Hütte vergessen! Zum Lachen. Einfach lächerlich. Selber schuld an allem. Aber ich bereute nichts. Es waren schöne Tage gewesen hier oben, Tage voll Erwartung und guter Waidkameradschaft. Und nun war es eben wieder einmal vorbei.

Sonnenaufgang am Berg an einem glasklaren Oktobertag. Samtgrau ist der Fels zuerst unter blaßblauem Himmel, dann rosa überhaucht, dann glänzt er wie flüssiges Gold. Kommt die Sonne über den Kamm, schmerzen die Augen. Unten am Hang rodelte ein Birkhahn sein Herbstbalzlied, weiter droben bald darauf ein zweiter. Ein wenig steif, aber glücklich und zufrieden erhob ich mich nach einer Weile von meinem Sitzchen, stieg die drei Schritt hinunter zum Pirschsteig, den eigentlich das Weidevieh angelegt hatte, als die Alm noch bewirtschaftet gewesen war, nicht die Jäger, ein ehemaliger Trampelpfad war es mit viel kantigem Gestein, große und kleine Brocken, und man mußte auf seine Schienbeine aufpassen. Aber der Steig querte, wie schon erwähnt, einigermaßen eben den Hang und die gebüschbestandenen Wasserrinnen und führte untrüglich, ohne Möglichkeit, sich zu verirren, zur Hütte, und in der Hütte gab es dann bald heißen Tee. Auf den freute ich mich schon sehr. Gemächlich schlenderte ich dahin, umrundete einen Felsbuckel, hatte nun den nächsten Wassergraben vor mir, an dessen Rand Heinrich saß. Und kaum hatte ich an ihn gedacht, da rollte auch schon mit mächtigem Dröhnen ein Schuß über den Hang hin, und, überrascht stehenbleibend, sah ich gerade noch ein graues Gespenst mit weißem Spiegel hochflüchtig im dichten Erlengestrüpp verschwinden. Gesund entlassen, vermutete ich.

Heinrich kam mir auf dem Steig entgegen. Er war ein bißchen verstört und schilderte, wie ihm in seiner Hochwild-Nervosität das Ansprechen des vertraut ausziehenden Schmaltiers schwergefallen sei und viel zu lange gedauert hätte, und dann, ja, gerade deshalb, sei ihm auch noch der Schuß ›abgefahren‹ in der Eile. Wie einem schutzhitzigen, unerfahrenen Bürschchen, das noch keine Ahnung hat, wie rasch so ein Schuß draußen ist, wenn der dumme Finger am eingestochenen Züngel herumfingert!

Ich tröstete ihn, so gut ich konnte, und ich hatte keine Ahnung, wie es mir an seiner Stelle ergangen wäre. Wir stiegen, sicher ist sicher, zum Anschuß hinauf, ob es vielleicht doch Schweiß gab dort droben, nein, gab es nicht, aber nach einer guten halben Stunde hatten wir mit mehr Glück als Verstand tatsächlich den Kugeleinschlag auf einem kleinen Felsbändchen gefunden. Heinrich war ein guter Schütze und wußte genau, wo er abgekommen war, in diesem Fall wohl besser, wohin ihm der Schuß ›abgefahren‹ war.

Nun wußten wir immerhin, daß kein großes Unglück geschehen war, daß er das Schmaltier zwar grausam erschreckt, aber nicht angeschweißt hatte, das war tröstlich bei allem Malheur. Mittlerweile war es heller Vormittag geworden, und die Sonne wärmte schon angenehm, als wir gemütlich plaudernd der Hütte zustrebten, die in Luftlinie zum Greifen nah vor uns lag. Tatsächlich war der Weg natürlich beträchtlich weiter, da er sich in vielen Windungen entlang des Berghangs und durch die verwachsenen Wassergräben dahinschlängelte.

Da sah ich den Hirsch! Ich riß Heinrich am Ärmel zurück, wir duckten uns an den Hang und erstarrten. Wie eine Lokomotive kam er daher im vollsten Sonnnenschein, offenbar suchend, unbeirrbar bei gutem Wind auf uns zu, parallel zum Steig, aber oberhalb, zweihundert Schritt oder mehr oberhalb des Pirschsteigs, den das Weidevieh getrampelt und schwere Regenfälle ausgewaschen hatten. Und da war er auch schon wieder verschwunden, untergetaucht im graugrünen Meer des Erlenbewuchses am jenseitigen Rand des nächsten Wassergrabens.

Heinrich flüsterte: ›Geh ihm entgegen!‹, aber ich schüttelte den Kopf. Der Rat konnte gut gewesen sein oder auch nicht, doch ich hatte mich schon entschieden. Niemand konnte garantieren, daß der Hirsch, so sehr er auch angezogen hatte wie eine Lokomotive, seine Richtung beibehalten würde. Ebenso konnte er auch jetzt dort im Graben hinunter- oder hinaufwechseln und auch wieder auf der anderen Seite ausziehen, unerreichbar für mich. Ihn anzugehen war – meiner Meinung nach – falsch. Hier war die Bergflanke übersichtlich, dort näherte ich mich immer mehr den Erlen und verkleinerte meinen Überblick. Nein, ich wollte es riskieren: *Wenn* der Hirsch die Richtung beibehielt – und sein eben noch so ungestümes Ziehen sprach dafür –, dann mußte er annähernd genau ober mir aus dem urwalddichten Gestrüpp wieder auf die gut einzusehende Bergflanke herauskommen. *Und er tat es.* Er tat es wirklich.

Heinrich hatte sich seitlich von mir hinter einen stattlichen Fels-

brocken gequetscht, er sah mich mit flackernden Augen an, weil er immer noch nicht begriff, warum ich mich fürs Bleiben entschieden hatte. Dann sah auch er den Hirsch aus den Erlen hervortreten, er riß sein Fernglas ans Auge, sein Atem pfiff leise, und ich warf mich bäuchlings an den Hang, und jetzt erst bereute ich von Herzen, daß ich mein eigenes Fernglas in der Hütte vergessen hatte. Ich richtete Büchse und Zielfernrohr auf den Hirsch, bekam ihn sofort ins Sehfeld: Mächtig, stolz, hoch das Haupt, sichernd stand er da. Eigentlich machte er es mir leicht, denn ihn anzusprechen war wirklich keine höhere Wissenschaft, auch durchs Zielfernrohr war es leicht. Ich sah, daß das Geweih im Verhältnis zum Wildkörper überaus schwach war, ich sah den deutlichen Unterschied der Stangenlänge, obwohl ich natürlich auf etwa zweihundert Schritt oder ein wenig mehr den Stangenbruch nicht erkennen konnte, ich sah links kurze Gabelenden, die in der Sonne blinkten – und ich wußte, daß ich *diesen* Hirsch schießen durfte...
Wenn ich *konnte*, denn mein Herz schlug wie ein Hammer bis herauf in den Hals.
Er tat zehn oder zwölf Gänge, ruhig und gemessen jetzt, keine Lokomotive mehr, nicht mehr eilig wie vorhin, ganz als müsse alles für mich so vorausbestimmt sein, nun verhielt er, stand still und breit steil ober mir, und da war ich auf einmal ganz ruhig und gelassen wie er, setzte ihm das Fadenkreuz ins Leben und ließ fliegen.«
Hannes verstummte, griff wieder einmal nach seinem Glas, wir stießen an, und ich sagte: »Waidmannsheil!«
»Waidmannsdank!« erwiderte er und lächelte mir zu. »Ist doch schon eine ganze Weile her. Und jetzt erst kommt das, was du mir nicht glauben wirst, was mir bisher viele nicht geglaubt haben. Der Hirsch zeichnete überhaupt nicht, machte träge kehrt und wollte in seiner eigenen Fährte zurück. Ich kann dir heute nicht mehr sagen, *wie* ich es zuwege gebracht habe, aber im selben Augenblick setzte ich ihm die zweite Kugel auf, die hatte er nun natürlich auf der anderen Seite. Und – ich traute meinen Augen nicht, wollte schon glauben, ihn beide Male gefehlt zu haben – da machte er wiederum kehrt und wollte in der ursprünglichen Richtung weiter! Frag mich nicht, wie, aber ich repetierte nochmals, und nach dem dritten Schuß war der Spuk zu Ende. Da knickte er vorne ein und kam, sich mehrmals überschlagend, wie eine Lawine zu mir herunter. Ich dachte schon, er würde mich erschlagen, aber er fing sich in einer kleinen Mulde oberhalb des Steigs, wo ich ihn dann auch aufgebrochen habe.«
Hannes seufzte ein bißchen, als könnte er es selbst noch nicht glauben.

»Alle drei hatte er drauf, alle knapp hinter dem Blatt, und alle ein wenig tief, weil ich ja steil aufwärts hatte schießen und tief anfassen hatte müssen. Der erste und dritte Schuß saßen auf der linken Seite, der zweite rechts.«

Wir unterhielten uns lange über Brunfthärte, Geschoßwirkung und Schmerzschock beziehungsweise Schockstarre. Auch darüber, daß ein Zurück, ein Umkehren des Wildes nach dem Schuß fast immer dem Wunsch nach Sicherheit entspricht. Es flüchtet selten nach vorn, denn *eben war es ja noch so still und schmerzte nicht, also zurück* zu diesem vorherigen Zustand, zurück auch möglichst in die vorher genossene Sichtdeckung. Doch auch die zweite Kehrtwendung nach dem zweiten Schuß ist nicht unlogisch aus dieser Sicht (des Wildes). Brachte doch dieser zweite Schuß erneuten und vermehrten Schmerz und somit das Umdenken, die vorherige Richtung könnte vielleicht doch die bessere gewesen sein.

Hannes' merkwürdiges Erlebnis – und eigene, annähernd ähnliche dazu – haben mich lange beschäftigt. Ich habe mit namhaften Tierärzten darüber gesprochen. Sie haben mir bestätigt, daß die Gleichzeitigkeit von Schock *und* Schmerz zwar nicht sehr häufig ist, da der Schock, wie wir aus bösen Kriegsjahren wissen, vielfach den Schmerz ausschließt und ihn erst später kommen läßt. Tritt diese Gleichzeitigkeit aber gelegentlich ein, ruft sie möglicherweise absonderliche Wirkungen hervor, beim Menschen wie beim Wild, das ja auch nichts anderes ist als ein Warmblütler. So kann es sowohl zu einem Ausfall der Reizleitungen und zu gleichzeitiger Lähmung der Streck- und Beugemuskulatur kommen, was dann eine kaum glaubliche Schußhärte vortäuscht (Walter Kerschagl, 1973), und eben auch zur geschilderten zweimaligen Umkehrreaktion – zurück in die Sicherheit, wenn es auch nur eine vermeintliche war: die vorherige bessere von zwei sehr schlechten Sicherheiten.

Schließlich bat ich Hannes, die Geschichte doch zu Ende zu erzählen. »Gibt nicht mehr viel zu erzählen«, unterspielte er. »Heinrich lief wie ein Wiesel hinunter ins Tal und verständigte Franz, den Aufsichtsjäger, der seinem Blinddarm zwar nicht mehr nachweinte, aber doch noch ein wenig schonungsbedürftig war. Auf den Berg hinauf konnte er noch nicht, aber er benachrichtigte zwei beinharte Forstarbeiter, die zu mir heraufkamen, und bis zum Abend hatten wir den Hirsch drunten im Jägerhaus. Ich taumelte vor Müdigkeit und durfte doch nicht taumeln, denn ich war plötzlich die Hauptperson. Weiß Gott, es war kein Spaß. Der Spaß kam erst hinterher. Aus der Nachbarschaft trafen ein paar Sachverständige ein, um den Hirsch zu betrachten und zu begutachten und mir Waidmannsheil zu wünschen, vor allem aber, um das Freibier zu genießen, und dann haben sie mich zum hirschgerechten Jäger geschlagen, und aus dem allen wurde ein riesiges Fest, ein Volksfest für die ganze Talschaft und ein Trauerfest für meine Geldbörse, denn die Kerle hatten was drauf beim Feiern, da war ich der reinste Waisenknabe...«

Wieder blickte er zu dem Geweih an der Wand empor, aber er konnte es nicht verbergen, daß ihn auch etwas bedrückte, daß nicht alles so ganz in Ordnung war, wie er es erzählte, wie er es darstellen wollte. Ich spürte, daß seine Geschichte nicht zu Ende erzählt war, daß es neben dem Guten, den guten Minuten im Leben, die der Mensch sich glücklicherweise länger merkt als die schlechten, auch etwas weniger Gutes zu erzählen geben mußte, das er nicht wahrhaben oder vielleicht auch nicht erwähnen wollte.

»Hannes«, sagte ich, »nun redest du schon eine Viertelstunde vom Hirschbringen und vom Jägerschlag und vom Volksfest... Was war eigentlich mit Heinrich? Über den fällt kein Wort mehr, oder?«

Und da mußte er zögernd zugeben, daß sein guter Hüttenkumpel Heinrich, der doch ein Leben lang hätte dankbar sein müssen für die ihm so unerwartet zugegangene Einladung auf Kahlwild, die er nur Hannes verdankte, zwar »wie ein Wiesel« ins Tal hinuntergelaufen war, um Franz zum Hirschbringen zu alarmieren. Dabei aber hatte er seinen eigenen Fehlschuß verschwiegen, dann den Rucksack ins Auto und sich selbst hinter das Steuer geworfen, um zornglühend vor Enttäuschung und Schußneid grußlos das Weite zu suchen.

»Macht doch nichts«, begütigte Hannes. »Spielt doch keine Rolle. Mein erster Hirsch und wahrscheinlich mein letzter. So oder so, das einmalige Erlebnis kann mir keiner nehmen oder auch nur trüben.«

Nur die Freundschaft, die uns verband, hinderte mich zu sagen: »Ja, ein einmaliges Erlebnis... mit einmalig traurigen, beschissenen Begleitumständen!«

Bruder Baum... Bruder Tier?

Sympathien kann man nicht kaufen. Man hat sie oder hat sie nicht. Die Psychologen behaupten, die Sympathien der Menschen zueinander seien meist gegenseitig, und das ist sicher richtig. Man braucht kein Studierter zu sein, um das zu spüren. Auch im Tierreich gibt es gegenseitige Sympathien, doch dort geben wir ihnen doch wohl besser einen anderen Namen. Nennen wir sie: gegenseitiges gutwilliges Dulden durch Gewöhnung oder ganz einfach durch die Erfahrung, daß einer dem anderen nichts zuleide tun kann und den eigenen Interessen nicht schadet. Und dennoch gibt es auch dort Unterschiede, je nach Charakter. Ein gutes Beispiel sind die führenden Rehgeißen: Die einen werden böse und zänkisch, wenn sich die Nachbarmutter mit ihrem Nachwuchs in die Nähe wagt, die anderen bleiben duldsam und haben – vom kleinen Respektabstand der Mütter abgesehen – nichts dagegen, wenn das junge Volk sich vergesellschaftet und muntere Spiele veranstaltet.
Die Sympathien zwischen Mensch und Tier, zwischen Jäger und Wild, sind aber eine viel kompliziertere Beziehung und wären eine Doktorarbeit wert. Dem einen Jäger läuft das Wild geradezu nach, wenn er nicht die gröbsten Fehler macht, den anderen meidet es, und wenn er noch so mucksmäuschenstill bei gutem Wind droben auf dem Hochsitz hockt. Dieses merkwürdige Geheimnis zu beschreiben und zu ergründen ist schon von manchem Jagdschriftsteller versucht worden – meist mit fragwürdigem Erfolg. Eine exakte Erklärung ist auch kaum zu erwarten. Hier wird am Schluß nur kurz davon die Rede sein. Bleiben wir vorerst allein bei meinen persönlichen Beziehungen und Sympathien zu einer unserer Wildarten, die ich ganz besonders schätze und liebe: zum Schwarzwild.
Unsere Sympathien sind aber keineswegs gegenseitig, das habe ich sehr bald, in jungen Jahren schon, herausbekommen, besser: herausgefühlt, denn einfühlsam muß man sein im Umgang mit diesen schwarzen

Korsaren, die Jäger wie Bauern oft genug zur Verzweiflung treiben können. Kann man so etwas überhaupt lieben? Man kann. Liebe und Verzweiflung liegen nicht gar so weit auseinander. Auch beim Menschen nicht.

Ich liebe das Schwarzwild, weil es so ur- und wehrhaft ist, dabei so klug und vorsichtig und so scharfsinnig – mit Ausnahme seiner von der Natur benachteiligten Lichter. Ich liebe es, weil seine sozialen Strukturen so zweckmäßig und dennoch kompliziert, weil seine Rangordnungsprinzipien viel »menschlicher« sind als die des Menschen. Die Hackordnung des Menschen ist eine Frage des Bankkontos und wird mit dem Scheckheft geregelt, die der Wildschweine nur durch die Zweckmäßigkeit innerhalb der ihnen arteigenen geselligen Gesellschaft. Brutalität ist ihnen fremd. Der alternde Keiler mag »mürrisch« werden – doch dies nur in der vermenschlichten Bedeutung des Wortes –, er mag sich zurückziehen von der allnächtlichen Geschäftigkeit der Rotte und sich ins Abseits begeben, aber es ist nur die Vorsicht, die Lebenserfahrung, die ihn dazu treibt, niemals die Verbitterung gegenüber seinesgleichen. Er ist weise und sich selbst genug. Nie wird er einen Frischling schlagen, der sich neugierig an ihn heranschnuppert, und wenn doch, dann nur zart und nie mit tödlichem Wurf: Pack dich, soll das dann heißen, spiel mit den anderen, deiner Rang- und Gehaltsklasse bin ich längst entwachsen. Laß mir meine wohlverdiente Einsamkeit bis zur nächsten Rauschzeit. Scher dich fort zum übrigen Volk. Auch wenn ich im Abseits stehe, bin ich immer für euch da, ich wache für euch.

Auch der alternde Mensch hört nicht auf zu wachen, aber es ist eine andere, eine gierige Art der Hellhörigkeit, auch wenn Hammer, Amboß und Steigbügel im Mittelohr längst ihren Dienst versagen. Es ist nicht mehr die Ruhe auf dem Sonnenbänkchen vor dem Haus, in der er wacht wie früher die alten Leute. Er braucht das Wachsein zum Zählen der Zechinen. Ohne Bedenken verkauft er seine Enkel und Urenkel in die moderne Sklaverei, in die selbstgebastelte Apokalypse. Man braucht heute keinen heiligen Johannes mehr, um sich diese in bunten Bildern vorzustellen und auszumalen. Diese Welt hat einen Sprung bekommen. Er klafft immer weiter auseinander. Wir werden ihn nicht so leicht kitten können. Auch die Wissenschaft wird uns nicht helfen dabei. Ihre Erkenntnisse wechseln von Tag zu Tag, heute scheint dieses richtig, morgen jenes wichtig, und spätestens seit Tschernobyl sollten wir wissen, wie politisch-motivierbar sogenannte »Gutachten« sind. Sie können allenfalls helfen, einen – oft konträr

verlaufenden – Bewußtseinsprozeß einzuleiten und aus der veröffentlichten Meinung eine tatsächlich öffentliche Meinung zu machen: darüber, was wir tun und lassen müssen. Das Seinlassen wird der wichtigere, der größere Teil sein.
Was wir in unserer Lage brauchen, ist – sehr vereinfacht ausgedrückt – nicht nur ein Wachstum des ökologischen Bewußtseins. Wir brauchen das Wiedererwachen des gesunden Gefühls für das Gemeinsame, das sich, vom Instinkt ausgehend, steigert zur wachen Intelligenz und von dieser bis hin zur Vernunft, wie sie der einsame alte Basse draußen im dunklen, deckenden Schlagschatten des Mondlichts beweist. *Er denkt.* Vermutlich nicht so kompliziert und vorausgreifend wie ein Mensch, aber dafür augenblicksnäher, zweckgebundener. Der heutige Mensch denkt nur mit dem Gehirn, dem Wildschwein aber, vornehmlich den älteren Keilern, ist es gegeben, mit allen seinen Sinnen und Instinkten zu denken. Wir Menschen werden das erst wieder erlernen, wenn die Zeit gekommen ist, da man wieder bunte Steine und Muscheln als Zahlungsmittel annimmt. Manches deutet darauf hin, daß das in überschaubaren Zeiträumen der Fall sein könnte.
Erfahrene Dompteure bezeichnen das simple, rosige Hausschwein als das gelehrigste Tier, gelehriger noch als der Elefant mit dem kleinen Gehirn und dem gewaltigen Gedächtnis. Kann das Hausschwein wirklich rechnen, kann der Elefant im Zirkus wirklich die Fragen der Zuschauer beantworten? Ich glaube nicht, daß sie es tatsächlich können, nicht in unserem mathematischen Begriff. Aber ich glaube, daß das Schwein besser denken kann, als wir uns vorzustellen vermögen. Es kennt das Leben auf seine Weise, und wenn ihm auch das Wissen um seinen unausweichlichen Tod lebenslänglich vorenthalten sein mag, so spürt es dennoch sein Herannahen, sobald der Metzger nur den Stall betritt. Schweine und ganz besonders Elefanten in der Manege sind mir unerträglich. Was mögen die Elefanten denken? frage ich mich immer wieder bei solchen unwürdigen Darbietungen. Sind sie sich ihrer Erniedrigung bewußt? Ahnen sie denn gar nicht die Kraft, mit der sie ein ganzes Zirkuszelt hinwegzufegen imstande wären? Empört es sie denn nicht bis in die tiefsten Tiefen ihrer Seele, was man ihnen da antut?
Das Reizwort ist gefallen: *Seele.*
Schon zu viel Vermenschlichung bei solch frevlerischem Vergleich mit dem Menschen, der angeblichen »Krone der Schöpfung«?
Aber wenn allenthalben »Bruder Baum«, warum nicht auch »Bruder Tier«?

Aha, wird da gleich einer höhnen, der nichts, gar nichts davon begriffen hat und grundsätzlich gegen die Jägerei ist, und du Bruder Mensch setzt dich auf einen Bruder Baum und knallst aus dem Hinterhalt den Bruder Tier samt Seele über den Haufen.

Mit dem Hinterhalt hat es – theoretisch – oft seine Richtigkeit, doch geht es dabei doch nur um das technische Verfahren. Was getan werden muß, muß geschehen, und die Zeiten des Steinbeils und des Höhlenbären sind vorbei. Nicht der Mensch als Einzelwesen, sondern die sogenannte Zivilisation, die heutige Überzivilisation hat die Unruhe in die Natur gebracht und damit die Hinterhalte notwendig werden lassen. Der Jägermensch ginge oft noch gerne dem Keiler mit der Saufeder an die Schwarte. Aber der Lärm und die Geldgier haben das Wild zum Nachtschattengewächs gemacht, dem freilich oft nur aus dem »Hinterhalt« beizukommen ist, weil ihm beigekommen werden muß. Doch mit den sturen Jagdgegnern und notorisch Unwissenden, mit denen, die die Jagd um des Profits oder der eigenen Profilierung wegen verteufeln, mit denen über die Jagd zu streiten und den Versuch zu machen, sie zu überzeugen – das habe ich schon lange aufgegeben. Es ist ein Reden gegen die Wand, ein Predigen für taube Ohren und gegen übermächtige wirtschaftliche Interessen.

Bruder Tier mit Seele, eine Gotteslästerung?

Ich weiß mich in guter Gesellschaft. Ich bin nicht allein mit meinen vielleicht grüblerischen Gedanken. Einer unserer Besten, der Zoologe und Verhaltensforscher Univ.-Prof. Antal Festetics, Universität Göttingen, hat schon vor langer Zeit in einer großen Tageszeitung mit bemerkenswerter Offenheit das Problem dargestellt. Ich sagte: Einer *unserer* Besten – und weiß nicht einmal, ob er selbst aktiver Jäger ist. Eher nein, würde ich sagen, gefühlsmäßig. Denn in der Vergangenheit sprach und schrieb er schon oft deutliche Worte, die durchaus nicht als Befürwortung von Jagd und Jägern gelten konnten – dort nämlich, wo es notwendig war. Und manchmal war und ist es notwendig, dringend notwendig.

Festetics ist also unverdächtig, uns Jägern blindlings das Wort zu reden. Um so mehr sage ich: Er ist einer *unserer* Besten, denn wir sitzen doch in einem Boot, sollten alle am selben Strang ziehen, in derselben Richtung, nicht auseinander wie beim sportlichen Seilziehen.

In diesem Artikel spricht Festetics aus, was der Mensch in seiner Grausamkeit seinen Haustieren antut, die oft genug seine treuesten Gefährten und Helfer sind. Und er wagt das große Wort: *Der Hund hat eine Seele!*

Was für eine Seele? Wo steckt sie, und wird sie nach dem letzten Hauch in den Himmel oder zur Hölle fahren? Ist es eine Seele im Begriff der Theologen oder eine biologische Konstruktion? Kann sie der Pathologe auf dem Seziertisch finden, wenn er den Hundekörper öffnet und darin annähernd die gleichen Organe findet wie in meinem Körper, dem doch auch – so hört man es von allen Seiten – eine Seele innewohnt? Muß ein Priester, gleich welcher Religionsgemeinschaft, sich empören, wenn dem Hund eine Seele zugestanden wird? Nein, er sollte es nicht, denn er predigt ja Liebe, und wer zur Liebe fähig ist, hat auch eine Seele, mag sie »aussehen« oder verstanden werden wie auch immer. Sieh deinem Hund nur tief genug in die Augen, im richtigen Moment, und du wirst Liebe darin finden. Auch wenn es eine andere Art Liebe ist als die Menschenliebe: eine Liebe, die sich ständig unterwirft, dafür aber auch streng die unermüdliche, allumfassende Obsorge des Leitwolfs fordert. Du brauchts nicht erst den Schock zu erleben, daß dein Hund bei irgendeiner Niederwildjagd zuschandengeschossen wird und sterbend mit letzter Kraft sich hinschleppt zu deinen Füßen – zum letzten Mal die Liebe fordernd und gebend zugleich. Sieh ihm nur tief ins Auge, in glücklicheren Tagen. Die Liebe darin kannst du nicht übersehen. Also hat er auch eine Seele. Festetics hat recht. Auch wenn es »nur« eine Hundeseele sein mag.

Bruder Baum – dies Schlagwort ist modern geworden und geläufig, jetzt, weil die Angst grassiert und in jedem Winkel lauert, der Bruder könnte sterben. Auf diese oder jene Art, schuldhaft bewußt oder völlig ahnungslos, jedenfalls aber zwangsläufig, rotten wir langsam, aber sicher unsere Wildtiere aus, machen die Natur leer, das, was noch von ihr übrig ist, doch wo bleibt die Angst um den Bruder Tier? Motorsägen, gigantische Holzbringungsmaschinen, Giftfabriken und Bankhäuser kennen keine Angst, denn sie haben keine Seele, nicht einmal eine armselige Hundeseele. Die Angst um den Bruder Tier scheint nur uns Jägern in den Knochen zu stecken, gelegentlich auch ein paar einsichtigen Verhaltensforschern oder Wildbiologen, die gar keine Jäger sind (Festetics) oder waren (Koenig, † 1992). Aber wenn wir Jäger die Stimme erheben, schmettert man uns immer mit dem alten, dummen Argument ab, wir wollten nur erhalten, was wir totzuschießen gedächten. Und die Verhaltensforscher und Zoologen erfahren immer wieder mit Bitterkeit, daß die anderen Wissenschaftler, die auf der anderen Seite des weltweit aufgerissenen Schützengrabens, die mächtigeren sind. Man hört nicht auf sie, ihre eigene Lobby ist zu blutarm, zu schwächlich, um sich durchzusetzen.

Der Bruder Baum ist angesichts seines vielleicht baldigen Todes zum Sinnbild geworden. Man anerkennt die Realität des Schlagworts, des Begriffs. Der Bruder Tier ist aber noch weit entfernt von solcher Ehrung. Der Brudermord geht lustig weiter. Abel darf ungestraft sterben, weil Kain das bessere Argument auf seiner Seite hat: mehr Geld; wenn auch weniger Seele.

Und was hat das alles nun mit meiner unerwiderten Sympathie für das schwarze Volk der Wildschweine zu tun, von der ich zu schreiben begonnen habe? Will ich mich nun, gestützt auf Festetics, so weit verirren und behaupten, auch das Wildschwein hätte eine Seele? Der Gedanke läge doch nahe, denn beide sind Geschöpfe der Natur, der Hund, das Wildschwein, Geschöpfe der Allgewalt, Geschöpfe Gottes, wenn man so will. Aber die Reihe ließe sich beliebig fortsetzen: der Vogel, der Wurm, das Insekt. Wo ist die Grenze? Wo hört die Seele auf? Dem einen die Seele zu gewähren, dem andern sie zu verweigern wäre doch unlogisch, oder?

Die Antwort bringt mich in Verlegenheit, denn zwischen dem allem liegen Welten! Mein Hund ist mir nah. Er ist für mich – fast – durchschaubar. Mehr als 12 000 Jahre gemeinsames Nebeneinander seit der Domestikation schaffen ein unleugbares Kraftfeld stabiler, aufrechter Beziehungen. Das Wildschwein aber ist mir fern, nicht nur im räumlichen Sinn. Es offenbart sich mir nicht. Es gibt mir keine Gelegenheit, ihm tief in die kleinen, klugen, oft fälschlich als »tückisch« bezeichneten Augen zu sehen, um auf deren Grund außer Kraft und Intelligenz auch noch eine Tierseele zu entdecken.

Aber die Antennen gibt es, über die der starke Strom der Sympathie von mir zu ihnen hinüberfließt. Die Wildschweine spüren es, *wenn ich da bin,* sie nehmen den »Funkspruch« auf und – weichen mir aus!

Betrachte ich meine Trophäenwände, so stelle ich erstens fest, daß ich trotz meines langen Jägerlebens verhältnismäßig wenig »Trophäen« aufzuweisen habe. Zweitens fällt auf, daß sich unter all diesen »Siegeszeichen« – denn nichts anderes bedeutet das Wort, das aber höchst zwiespältig ist, denn wie leicht wird oft ein solcher »Sieg« errungen, dem keinerlei Kampf und lobenswerte Anstrengung vorangingen –, daß also unter all diesen Trophäen sich nur ganz wenige Sauwaffen befinden. Und dies, obwohl ich schon viel in guten Saurevieren gejagt habe, allerdings immer nur in freier Wildbahn, nie im Gatter.

Mit dem übrigen heimischen Schalenwild komme ich durchschnittlich zurecht. Rotwild, Gams, Rehwild – wenn ich immer nur flott am Drücker gewesen wäre, sähe meine Lebensstrecke anders aus. Aber rückblickend bin ich nun fast froh, daß sie so und nicht anders aussieht. Doch mit den Sauen hat es seine eigene Bewandtnis. Steht ein Reh drunten auf der Wiese, und ich starre es aufdringlich an, so wird es vielleicht unruhig, aber es springt nicht ab. Eine von weitem anwechselnde Wildsau aber brauche ich nur ins Fernglas zu nehmen, schon spürt sie mich und ändert die Richtung – von mir fort.

Spürt sie, daß sie mein Lieblingswild ist? Spürt sie meine Sympathie, die gefährlich werden kann? (Welch *scheinbarer* Widerspruch.) Haben wir dieselbe Wellenlänge, auf der wir uns telepathisch verständigen? Viel zu oft habe ich es schon erlebt, als daß ich nicht daran glauben könnte.

Der Mensch blickt in seiner unbegreiflichen Erhabenheit auf das Tier *hinab,* er hat es sich untertan gemacht, er beutet es rücksichtslos aus und verbittet sich jeden Vergleich. Aber die geistige Verbindung zum Bruder Tier ist dennoch da. Man muß erst gar nicht die Parapsychologie bemühen, um das zu erkennen. Ein bißchen Aufmerksamkeit, ein bißchen Beobachtung genügt. Wer Augen hat, der sehe, wer Ohren hat, der höre. Wer Antennen hat, der fühle und erahne die Zusammenhänge: das Netz von feinsten Spinnwebfäden vom Menschen hinüber zum Bruder Tier...

An der Borstenfront

Sauwaffen machen sich recht gut an der Wand, wenn sie liebevoll und mit Sachkenntnis montiert sind, auf einem – gar nicht billigen! – handgeschnitzten mehrlaubigen Schild vielleicht. Solcher Anblick möbelt die Erinnerung auf, die nach langen Jahren zu verblassen droht, gibt der Trophäe an der Wand erst ihren richtigen Sinn, denn sie soll ja nichts anderes sein als Stütze der Erinnerung, nicht nur barbarischer Schmuck, wie man es uns oft genug vorwirft. Manchmal ausgerechnet in jenen Ländern, in denen Jagd und Fleischmacherei so ungefähr dasselbe bedeuten, weil man dort das Jagen auf das Niveau des Sports heruntergewirtschaftet hat.

Aber das soll jetzt kein jagdlicher Glaubenskrieg werden, keine bissige Auseinandersetzung mit jenen, die nicht nach unserer Art jagen, sondern eine Erzählung von den jagdlichen Sorgen derer, die – bei aller Wertschätzung einer Sautrophäe an der Wand – mit dem Schwarzwild lieber nicht in Berührung kommen. Denn solche gibt es auch. »Kein Kommentar!« sagen die Politiker, wenn sie um eine Ausrede verlegen sind, und »Lieber keine Sauen im Revier!« sagen die Jagdausübungsberechtigten, wenn sie an den Wildschaden denken und an ihren geplagten Geldbeutel.

Denn eines ist klar: Man kann geteilter Meinung sein über die Höhe und Relativität des Schadens, den ein paar »Rehbetten« in einem großen Weizenacker bedeuten. Sind Jäger und Bauer einander nicht (aus anderen Gründen) spinnefeind, wird man deswegen keinen Richter brauchen. Wer aber je die Verheerungen gesehen hat, die eine einzige Rotte Sauen in einer einzigen Nacht in, zum Beispiel, einem frühherbstlichen Silomaisacker anrichten kann, der muß begreifen, daß das Gesetz dem Landwirt Ersatzansprüche zubilligt und ihm im Streitfall meist den längeren Arm schenkt, ihm also eindeutig den Vorrang verleiht gegenüber dem »Jagdvergnügen«, wie es so schön und so oft genannt wird. Das nächtliche Schlachtfeld, der Ort der Verwüstung, wird meist schon am nächsten Vormittag zum Ort der Begegnung zwischen Landwirt und Jäger, und beide stellen erbittert fest, daß das meiste nicht dem Fraß diente, sondern sinnlos, »säuisch« im wahrsten Sinn des Wortes, geknickt und zertrampelt wurde: als sei es aus Bosheit geschehen, systematisch, so wie sie im Frühjahr systematisch nach der Aussaat die Zeile entlang Maiskorn um Maiskorn herauszuwühlen imstande sind.

In solchen Augenblicken ist für den Verantwortlichen, den Ersatzpflichtigen, das »Jagdvergnügen« sicher vorbei, und alles, was man tun kann oder vorkehren muß, um weiteren Schaden zu verhindern oder wenigstens einzuschränken, wird zu harter Arbeit und Pflicht. Solche Augenblicke haben aber auch schon so manche Freundschaft getrübt, wenn der Bauer nicht auch gleichzeitig Jäger war und nicht wußte oder wissen wollte, wie schwer es ist, wirksame Vorkehrungen zu treffen. Allem anderen könnte man beikommen, die einzig wirkliche Schwierigkeit liegt im unsteten Wesen, also im Charakter unseres so prächtigen, so klugen Schwarzwilds.

Man kennt sich aus im Revier, man weiß, daß man Rehwild *hat*, vielleicht *hat* man, wenn man zu den Gesegneten gehört, vorläufig, bevor noch alles zubetoniert ist, auch noch ein paar Stück Rotwild. Die Mufflons, *wenn* wenn sie hat, *hat* man sowieso und bringt sie nicht so schnell fort, auch wenn sie manchenorts schon wieder beinahe unerwünscht sind. Man *hat* ein paar Hasen im Revier und drunten am Bach ein paar Fasane, und auf fünfhundert Hektar *hat* man, je nach Höhenlage, noch drei oder vier Renommierketten Rebhühner, alljährlich fast am selben Platz, und es werden, Hege hin, Hege her, nicht mehr und nicht weniger. Immerhin, man muß noch nicht ins Museum fahren, um sie zu sehen. Das alles ist, in einem kleinen Durchschnittsrevier, so ungefähr das, was man *hat*.

Aber was man nicht *hat*, das ist in den meisten Fällen das Schwarzwild. Im Vergleich zur überwiegenden großen Anzahl der Jagdgebiete oder Reviere gibt es nur wenige, von denen man sagen kann, sie hätten Schwarzwild als Standwild. Für alle anderen gilt: Das Schwarzwild *hat* man nicht, sondern *man bekommt es.* Und zwar meist zum ungelegensten Zeitpunkt. Der Zeitpunkt, der für Landwirt und Jäger am ungelegensten ist – kurz nach dem Anbau und kurz vor der Ernte –, ist den Sauen natürlich am gelegensten. Das liegt in der Natur der Sache. Der Mensch geht irgendeinem Erwerb nach, um sich zu ernähren; das Wild aber, und mit ganz besonderer Rücksichtslosigkeit das Schwarzwild, geht den direkten Weg, und der Zeitpunkt ergibt sich

wie von selbst. Die Kirschen in Nachbars Garten sind am gefährdetsten, wenn sie reif und lockend rot am Baum hängen. Doch die Sauen sind nicht mit dem kleinen Jungen zu vergleichen, der begehrlich über Nachbars Zaun schielt. Sie sind unser beweglichstes Wild. Alles andere heimische Schalenwild verharrt einigermaßen standorttreu in seinem engeren Lebensraum. Es ist, wenn man so sagen will, äsungspassiv. Ist keine Nahrung mehr da, nimmt es die Notzeit geduldig auf sich. Es ist ihm nicht gegeben, der Äsung wandernd zu folgen, wie es etwa verschiedene Wildarten in Afrika tun. Das Schwarzwild aber, hochintelligent, hart und aktiv, greift zu gewissen Jahreszeiten weit aus, und nicht nur weit, sondern auch in unberechenbare Richtungen. Obwohl man hin und wieder auch bei Tag ein in diesem Fall nicht blaues, sondern schwarzes Wunder erleben kann, tut es das überwiegend nachts. Eine Sau im »Schweinsgalopp«, wie der Volksmund treffend sagt, ist unheimlich rasch. Nächtlich zurückgelegte Strecken von dreißig Kilometern sind nachgewiesen. Ob die Gründe solcher Beweglichkeit allein im Drang zur Nahrungssuche liegen, ist umstritten, denn Fraß wäre sicher auch innerhalb eines weit geringeren Umkreises zu finden. Eine recht fragwürdige Reviertreue sagt man, wenn überhaupt, den Bachen nach, und auch dann nur, wenn sie vollkommen ungestört sind. Und wo gibt es heute noch völlige Ungestörtheit?
Bei keinem anderen Wild prallen Theorien und Mutmaßungen so sehr aufeinander wie beim Schwarzwild. Ganz logisch: Der Jäger *hat* es nicht, er wird meist unvermutet mit ihm konfrontiert und ist aufs Ratespiel angewiesen. Hier und heute der Schaden. Werden sie morgen wiederkommen? Mehr als zwei-, höchstens dreimal nacheinander kommen sie nicht zum selben Futterplatz, sie sind zu schlau, sie legen immer wieder Pausen ein und Ortsveränderungen. Und wie wird's dann mit dem Mond sein? Und mit dem Wind? Und zu jedem Maisacker kann man ja keine Kanzel hinstellen. Fahrbare Leitern sind auch nicht immer das Richtige. Verstinken? Blinklichter? Böllerapparate? Jedenfalls Sorgen über Sorgen für Bauern und Jäger.
Wir waren damals zu viert, die das ziemlich große gemischte Wald- und Feldrevier als Jagdaufseher betreuten. Wer von uns auf den Gedanken gekommen war, weit drinnen im Wald eine Ablenkfütterung für Sauen anzulegen, das weiß ich heute nicht mehr, es ist auch nicht von Bedeutung. Ganz gewiß aber war es mehr ein Akt der Notwehr, fast der Verzweiflung, als das Ergebnis vernünftigen Handelns. Was durften wir uns denn davon erwarten? Selbst wenn die Sauen die Fütterung bald fänden, würden sie diese im Normalfall drei, vier Nächte lang

annehmen und dann wieder über alle Berge sein. Und das hieß: Wieder drunten in den tieferen Lagen, wo zwischen den letzten Ausläufern des Mischwalds das Dorf lag. Aber eben nicht nur das Dorf, sondern auch die Felder, und damit sind wir beim heiklen Punkt.
Es war in den ersten Jahren der großräumigen Umstellung der Landwirtschaft auf mehr und immer mehr Silomais. In jedem Bauernhof rumpelten die Betonmischmaschinen, die Silos wuchsen entweder in die Höhe als unschöne, landschaftsfremde Ungeheuer oder in die Tiefe hinein als mächtige Höhlen, jedenfalls säuerlich riechend und fremd, und draußen auf dem Acker reifte der Futtermais in Mengen, die man sich früher nie hätte träumen lassen. Heute ist das alles schon ein gewohntes Bild. Ein Dorado für das schwarze, wüste Volk, *wenn* es einmal Witterung davon und Appetit darauf bekommen hatte.
Es hatte.
Es gab damals, begünstigt vielleicht auch durch vorangegangene Jahre mit guter Eichelmast, wieder einmal viele Sauen in unserer Gegend. Die ersten Schadensmeldungen kamen, und das nicht zu knapp. In einer »Krisensitzung« – der Jagdpächter nahm daran teil und wir vier Jagdaufseher – war die schon erwähnte Idee aufgetaucht, weit drinnen im Bestand eine Ablenkfütterung anzulegen. Aus heutiger Sicht war es nur der berühmte Strohhalm, nach dem der Ertrinkende greift. Aber in jenem Frühherbst dachten wir so: Jede Sau, die wir drinnen im Wald haben, haben wir nicht zur selben Zeit in den Feldern, nur das war uns wichtig, und in drei Wochen mußte der ganze Zirkus fürs erste vorbei sein, denn dann war der Mais fortgedroschen und gehäckselt, und die Gefahr war für dieses Jahr wieder einmal vorbei.
Es wurden aber drei harte Wochen, in denen wir nicht viel Schlaf fanden. Rund achtzig Hektar Silomais – und natürlich nicht auf einem Fleck beisammen, sondern boshaft verteilt über das ganze Gebiet – schadenfrei zu halten war eine unlösbare Aufgabe für uns vier und die paar Gäste, die gelegentlich aufzutreiben waren, denn die erfahrenen Saujäger hatten in ihren Nachbardörfern selbst alle Hände voll zu tun. Denen erging es nicht viel besser als uns.
Thomi schoß am hellichten Tag einen Überläuferkeiler aus einer Rotte heraus, die in aller Gemütlichkeit von einem Acker in den anderen wechselte – und trotz des Schusses drinnenblieb, bis er absichtlich in den Wind ging, was dann freilich den Spuk beendete. Aber für wie lange? Franz hatte das Waidmannsheil, beim Abendansitz im letzten Licht eine einzelgängerische Bache zu erlegen, die eben aus dem Hochholz heraus den nächstbesten Acker hatte annehmen wollen.

Herbert schoß am nächsten Morgen einen Frischling, der sich offenbar verlaufen und beim Einziehen verspätet hatte. Doch was bedeutet das alles an einer Front von achtzig Hektar Mais, rings umgeben von Wald mit zum Teil dichten, urigen Einständen?
Und unser großer Verbündeter versteckte sich. Wir hatten den Neumond hinter uns, und die Mondsichel nahm nur quälend langsam zu. Die beiden Böllerapparate, die wir geliehen hatten, waren alt und machten technische Schwierigkeiten. Als sie dann endlich funktionierten und die ganze Nacht weithin schallend böllerten, kamen berechtigte Beschwerden von der Leitung des Altenheimes in der nahen Kleinstadt. Also stellten wir den lauten Lärm ein und versuchten es mit dem leiseren Lärm. Wir schlichen wie die Diebe hinaus in die finstere Nacht, stellten uns auf irgendeinen erhöhten Rain und lauschten angespannt. Hörten wir dann – ein reiner Zufall! – das bekannte Trappeln, Brechen und Rascheln, gaben wir blindlings Schreckschüsse ab. Es half nur für kurze Zeit, dann begann der Terror von neuem.
Jeden zweiten Tag sah ich nach unserer Ablenkfütterung. Ich hatte kaum erwartet, daß sie bald angenommen werden würde, sah mich aber getäuscht. In diesem Jahr waren die Sauen offenbar überall zugleich. Ich fand Saufährten im weichen Grund, starke und schwache, die Maiskörner waren aufgenommen und die Steinplatten weit und wuchtig fortgeschleudert, mit denen sie zugedeckt gewesen waren. Dies wiederholte sich mehrere Male, unterdessen nahm auch der Mond wieder deutlich zu, und ein Ansitz wäre erfolgversprechend gewesen.
Aber da ergab sich schon wieder eine nicht nur theoretische Frage, die es zu diskutieren galt. Wir hatten nun – ganz wider Erwarten – tatsächlich einen geringen Teil der Sauen droben im Wald, wo wir sie haben wollten, und nicht drunten in den Feldern. War es also sinnvoll, sie hier zu bejagen? Mußte man sie nicht gerade jetzt hier in Ruhe lassen, um sie nicht zu vergrämen und wieder hinaus in die Äcker zu treiben? Andererseits: Das Schwarzwild läßt sich keine Spielregeln und kniffligen Erwägungen aufzwingen. Überdies: Jede Sau, die drinnen im Wald fällt, geht nicht mehr in den Feldern zu Schaden. Außerdem: Den ganzen Tag heulten die Häckselmaschinen, und die gefährdeten Flächen wurden von Stunde zu Stunde kleiner. Die Zeit arbeitete für uns, und als der Oktober zu Ende ging und der Mond wieder voll da war, war uns allen schon ein wenig leichter ums Herz. Den meisten Mais hatte man schon eingebracht, die kleineren Bauern waren fertig, nur die größeren häckselten noch im Scheinwerferlicht bis tief in die Nacht.

Das brachte eine gewisse Beruhigung, war aber noch lange kein Grund, die Hände in den Schoß zu legen. Die Sauen waren immer noch da und fanden auch auf den leergehäckselten Flächen reichlich Fraß. Und es stand auch noch genug ungeernteter Mais draußen. Mehr als genug, um den ohnedies schon himmelschreienden Schaden noch zu vergrößern.

Thomi und ich verabredeten wieder einmal einen Nachtansitz. Aber wo? Das war genau zu überlegen. Der Kirchenwald, ein letzter Ausläufer des geschlossenen Bestandes, reichte bis fast an das Dorf heran. An seinem Saum gab es eine hohe, stabile Kanzel mit weitem Überblick auf die zum Teil noch nicht abgeernteten Felder. Mit einigem Waidmannsheil konnte Thomi dort den ruppigen Borstenträgern den Anmarschweg verlegen. Ich aber wollte zum ersten Mal hinauf in den Wald zu unserer Ablenkfütterung. In der späten Dämmerung zogen wir gemeinsam los. Es herrschte Windstille. Der Mond war ein bißchen verschleiert, und das war ganz gut so, denn gar zu grell mögen es die Sauen nicht. Ob das Licht aber auch droben im Hochholz ausreichen würde? Thomi hatte die freie Fläche vor sich und natürlich weit bessere Lichtverhältnisse. Bei der Kirchenwaldkanzel trennten wir uns. Thomi wollte pünktlich um zehn abbauen, weil er am nächsten Morgen um sechs zur Arbeit mußte. Mir waren nur durch mein Sitzfleisch zeitliche Grenzen gesetzt.

Machen wir es kurz. Den alten Hochsitz droben im Wald zu erklettern war ein riskantes Abenteuer: die Leiter morsch, das Sitzbrett nicht minder. Meine Schuld. Ich hätte mich nicht nur um die Fütterung kümmern müssen, sondern auch um den alten Hochsitz in ihrer Nähe, den schon ewig niemand mehr bezogen hatte. Die letzten Wochen waren schlimm genug gewesen, aber dazu hätte die Zeit doch noch reichen müssen. Sollte man meinen. Sie hatte nicht gereicht. Da saß ich also droben und wagte mich nicht zu bewegen. Bei jedem Atemzug wankten die Standpfosten. Das Licht reichte aus, aber wie ich unter diesen Umständen hätte schießen sollen – ich weiß es nicht. Aber es blieb alles still, es kamen keine Sauen. Nicht heute. Als dann kurz nach zehn auch noch der Mond hinter einem Hügelkamm verschwand und die Szenerie sich schlagartig verdunkelte, gab ich auf. Ich war froh, als ich mit heilen Knochen wieder bei Mütterchen Erde war. Nun konnte ich nur mehr auf dem Heimweg über eine alte, freiliegende Wurzel stolpern und auf die Nase fallen, aber die alten, freiliegenden Wurzeln auf dem Heimweg kannte ich alle. Fast alle.

Um etwa halb elf war ich wieder drunten beim Kirchenwald. Thomi

war sicher pünktlich um zehn gegangen und nun schon daheim. Vorsichtshalber gab ich Lichtzeichen in Richtung seiner Kanzel, als ich um die Waldecke herum in seinen Sichtbereich kam. Hier drunten im flachen Gelände war der Mond zwar wieder gut zu sehen, sein milchiges Licht flutete über die Äcker dahin, aber es ist ja leider schon so viel Trauriges passiert beim Sauansitz in der Nacht, obwohl man doch meinen sollte, daß eine aufrecht schreitende Gestalt kaum mit einer Sau verwechselt werden kann. Nochmals Lichtzeichen hin zur Kanzel. Bei uns ist das so der Brauch. Beim Sauansitz ist die Taschenlampe so wichtig wie die Büchse. Wieder keine Antwort. Thomi war keiner, der am Ansitz einschlief. Solche gibt es auch, aber er gehörte nicht dazu. Ich konnte mit Sicherheit annehmen, daß er die Kanzel bereits verlassen hatte.
Das ist es, was ich unseren jungen Jägern immer wieder sage: Zeitvereinbarungen einhalten und zu ebener Erde im Sichtbereich des Waidkameraden kein Schritt ohne Licht. Dann kann nichts passieren.
Ich ging noch ein Stückchen den Waldrand entlang, um an der Kirchenwaldkanzel vorbei zu dem Feldweg ins Dorf zu kommen. Ein kühler Wind hatte sich nun erhoben, aber er stand mir mitten ins Gesicht. Es roch nach Herbst und nach gehäckseltem Mais. Der Duft lag wie eine Wolke über den Feldern, und dort drüben-droben neigte sich der Mond immer mehr. Es war unbeschreiblich still, fast feierlich still. Unter der Kanzel blieb ich stehen und hob das Nachtglas. Ich leuchtete die Äcker ab, die kahlen und auch die noch nicht abgeernteten, aber davon gab es nicht mehr viele. Wir hatten das Schlimmste überstanden. Dann sah ich staunend in den Mond und betrachtete die Mondgebirge, wie ich es als Kind schon mit dem Glas meines Vaters immer getan hatte, und als ich den Blick wieder zur Erde senkte, zu den Äckern, erschrak ich, denn im hellmatten Rund des Gesichtsfeldes wimmelte es von Sauen.
Ich wollte meinen Augen nicht trauen. Eine starke Rotte, fünfzehn, zwanzig Sauen vielleicht, kam aus einem der weit entfernten Äcker und trollte auf mich zu. Nicht hastig, auch nicht langsam, im »gemächlichen Schweinstrab« näherten sie sich. Ganz so, wie sie es immer machen, wenn sie sich in Sicherheit wiegen und eben nur mal aus Lust und Laune ein Stückchen weiterziehen, vielleicht zu einem anderen Fraß, vielleicht auch zurück in den Wald, in den Einstand, um nach vollbrachter Untat sich wieder im Kessel einzuschieben zur Ruhe – wer weiß das schon, wer kann das sagen, keiner kann das mit Bestimmtheit sagen. Sie hielten sich eng zusammen, und sie waren alle

fast gleich stark, so zwischen fünfzig und siebzig Kilogramm. Keine gemischte Rotte, keine Frischlinge oder Überläufer waren darunter auszumachen, aber auch keine grobe Sau. Die soziale Struktur des Schwarzwilds ist hochkompliziert. Welche dominante Bache mochte wohl hier diese Vergesellschaftung herbeigeführt haben?
Aber das alles kam mir natürlich erst viel später ins Bewußtsein. Jetzt blieb wenig Zeit für nachdenkliche Überlegungen. Ich ging in die Knie und legte die Büchse auf einer Leitersprosse auf. Noch war es viel zu weit zum Schuß. Aber sie kamen näher, in dichtgeballtem Haufen kamen sie heran, über den abgeernteten hellen Acker her zu mir. Thomi, Thomi, wenn du nun noch droben in der Kanzel säßest!
Hundert Meter noch, nun ginge es bald, obwohl hundert Meter im Mondenschein so viel sind wie zweihundert bei Tag, aber dort draußen war nur ein zusammengedrängter, langsam vorwärts trollender schwarzer Knäuel. Spitz auf mich zu. Da war guter Rat teuer. Bleibt stehen! betete ich fast.
Sie blieben stehen! Hatten sie mich im Wind? Ausgeschlossen. Der Troll verwandelte sich in Schritt, der Schritt in unentschlossenes Innehalten.
Unentschlossen? Nein. Ich billige dem Wild, und schon gar dem überaus feinsinnigen Wildschwein, ein gewisses Abwägen einander widersprechender Instinktimpulse zu, was dann aussehen mag, als sei es zögernd oder gar unentschlossen. Aber so sehr vermenschlichen dürfen wir das Wild nicht, ihm echte Unentschlossenheit zuzuschreiben. Unentschlossen zu sein ist ganz allein menschliche Art.
Der Knäuel dort draußen blieb rund, eine dichte dunkle Masse. Nur Quieken und schmatzende Geräusche. Sie wühlten in den Häckselresten. Längst war ich schußbereit. Ja sogar das anfängliche Fieber war schon wieder verschwunden. Mich packt es immer noch gleich beim ersten Anblick, flacht aber dann sofort und stetig ab bis hin zur eiskalten Ruhe. Das muß so sein. Ein unruhiger Schuß ist Tierquälerei. Doch wen das Fieber überhaupt nicht mehr packt, wer die Eiseskälte schon gepachtet hat bis an sein Lebensende – ich mag ihn nicht, er ist kein Jäger mehr, er schießt nur noch...
Das feine Kreuz des Absehens war kaum zu sehen, aber die dicken Balken hätten vollauf genügt. Laß eine von ihnen aus dem dunklen Klumpen heraustreten, wünschte, ja betete ich fast wieder. Irgendeine. Hier geht es nicht um die stärkste oder schwächste Sau, nicht um Wahlabschuß, hier sind wir an der Borstenfront! Hubertus, laß irgendeine von ihnen aus dem dunklen Gewimmel heraustreten!

Sie trat heraus und grenzte sich scharf gegen den hellen Acker ab. Im Knall waren sie alle wie fortgewischt, wie schwarze Blitze fegten sie zur Deckung, in den Kirchenwald, her zu mir und keuchend und rappelnd rechts und links von mir und der Kanzel vorbei. Ich war mitten unter ihnen, hatte durchrepetiert, war aufgesprungen von den Knien, stand da und wartete, Finger am Züngel, aber ich wußte, daß keine kehrtmachen und mich annehmen würde, selbst wenn sie mich in den Wind bekämen, nein, der Pulk, die Rotte hatte viele Leben, aber nur *einen* Willen, und der hieß: fort, fort! Fort bis nach nirgendwohin oder irgendwohin, wo dann nach einem letzten ärgerlichen Blasen und Wetzen in der Sicherheit des Einstands ganz langsam die Ruhe wieder einkehren würde.

Die Kühle der Nacht war nun nicht mehr fortzuleugnen, aber mir stand der Schweiß auf der Stirn.

Fünf Fluchten neben dem Anschuß lag eine stark abgekommene, klapperdürre Bache: Blasige Eiterknoten am Hals, sicher mehrjährig, aber nur knapp fünfzig Kilogramm, unaufgebrochen. Am Morgen zeigten wir sie unserem Tierarzt. Der verzog das Gesicht. »Nicht verwertbar!« sagte er kurz und bündig.

Vom Teufel und der warmen Jacke

»Unverhofft kommt oft«, heißt ein altes Sprichwort, und wenn das für so ziemlich alle Lebensbereiche gilt, so gilt es für unser Waidwerk um so mehr. Jeder von uns kann genügend Beispiele anführen aus seinem eigenen Schatz von Erlebnissen und Erfahrungen. Und da denkt man zurück: Das war damals, als du mit Dreieinhalbmillimeterschrot in der Flinte auf der Waldschneise standest und auf ein Häschen wartetest und dir, keine zwanzig Schritt weit, in aller Ruhe die grobe Sau über den Weg wechselte, von einer kleinen Fichtenschonung hinein in die andere; oder damals, als du den Traktor verfluchtest, der dir im allerletzten Licht den eben ausziehenden Bock vergrämte, was sich aber dann schlußendlich doch als glückliche Fügung erwies, denn du hattest den Bock mit olympischer Sicherheit als greisen Griesgram angesprochen, und als ihn der Nachbar dann am andern Tag erlegte – er hatte das Pech, daß kein Traktor kam –, erwies er sich als Dreijähriger mit ellenlangem Sündenregister; oder damals, als die Leitersprosse brach und du dir arg die Nase verschrammtest und ein bißchen die Büchse gegen den Baum schlugst. Übervorsichtig, wie du nun einmal bist, hast du anderntags einen Probeschuß auf die Scheibe getan – und bist auf ein Wahnsinnsding draufgekommen an der mit viel Stolz und Geld neu angeschafften Montage, auf das du, ohne diesen kleinen Zufall, im Leben nie von selbst draufgekommen wärst... Ein Jahr lang hättest du scheunentorbreit alles fehlen müssen, wenn die Leitersprosse nicht gebrochen wäre...
Womit ich ja nur sagen will: Nichts ist unmöglich, und schon gar nicht bei der Jagd, und manchmal verkehrt sich Unheil in Segen, Waidmannsgrimm in Waidmannsheil, und immer sollte man denken: »Wer weiß, wozu es gut ist...« Auch dann, wenn man zuerst meint, es sei alles von Grund auf verhext.
Bei uns daheim gehört die gefütterte Jagdjacke zur Standardausrüstung des Jägers, und das nicht nur zur Winterszeit, nein, auch im

Sommer, wenn wir drunter nur die Hemdsärmel tragen und sonst nichts. Denn früh am Morgen ist es auf jeden Fall sehr kühl, das macht die mittlere Höhenlage, und am Abend braucht bloß die Sonne unterzugehen und ein kleines Nordwestwindchen sich aufzumachen, vielleicht der Rest eines Gewitters irgendwo, und schon läuft dir ein kalter Schauer über den sommerlich verschwitzten Rücken. Da greifst du dann dankbar zur Jacke und kriechst hinein.

Dann aber wieder gibt es Gelegenheiten, da möchtest du sie voll Undank zum Teufel wünschen. Und davon möchte ich erzählen. Vom Teufel, von der Jacke und vom Spruch der Sprüche: Unverhofft kommt oft.

Beim Teufel handelte es sich um einen Rehbock, den ich liebevoll so getauft hatte, weil er mich nun schon das dritte Jahr zum besten hielt. Aber er war ein wirklich alter Bock, ohne langes Sündenregister. Zumindest war ich davon überzeugt. Und die Art, wie er mich zum Narren machte, war ja auch teuflisch genug. In den beiden vergangenen und in diesem Jahr war ich, alles zusammengerechnet, laut Jagdtagebuch insgesamt neununddreißigmal »auf ihn gegangen«, wie man so schön sagt, obwohl man einem Rehbock doch nicht auf den Rücken steigen und auf ihm gehen kann. (Wieder so eine blödsinnige Redewendung in der sogenannten »Waidmannssprache« würden jetzt die sagen, die nichts davon verstehen oder verstehen wollen. Aber mit denen gebe ich mich gar nicht mehr ab.) Ich hatte listig ausprobiert, was es nur gab, doch alles blieb umsonst, der Bock war klüger als ich, er hatte stets entweder den besseren Wind oder den besseren Instinkt oder sonstwas Besseres. Nicht einmal in der Brunft ließ er sich betören, weil er nämlich auch da etwas Besseres hatte als ich: gleich zwei oder drei Gespielinnen zugleich, und das konnte ja nicht gutgehen. Wir hatten dann im Vorjahr eine Pächterbesprechung veranstaltet und im Herbst mit Bewilligung der hohen Behörde einmal reinen Tisch gemacht mit dem Geißenüberhang, der sich im Laufe der Jahre angesammelt hatte – Ehrenwort, ohne daß wir es gewollt hätten!

Auch in diesem Jahr war bisher nichts mit dem klugen Burschen anzufangen gewesen. Und heuer, hatte unser Pächter verkündet, »kannst ihn schon vor der Brunft nehmen, der hat doch schon seine sieben oder acht Jahre auf dem Buckel, wir haben jüngere Paschas genug...«

Ich war meinem lieben Freund und Jagdchef zwar schon mehrmals in dem Revierteil begegnet, in dem der alte Teufel seinen Einstand hatte, aber – so im Durchschnitt gesehen – glaubte ich ihm echt, daß er mir den Bock gönnte. Weil ich in diesem Jahr einen ziemlich hohen

Geburtstag hatte, einen runden. Aber was nützte das alles, ich kriegte ihn nicht, den Satanas, und die Brunft stand schon wieder bevor, und wer weiß denn schon, wo sich ein Bock in der Brunft herumtreibt. Beim Menschen kann man sich das ungefähr ausrechnen, aber so ein Bock ist unberechenbar.

Kommen wir jetzt wieder zu der warmen Jagdjacke zurück. Man schrieb zwar Juli, aber das Thermometer war nicht danach, nicht morgens um drei. Mich fröstelte. Frühstück mag ich nicht um diese Zeit, und einen Muntermacher soll man nicht einnehmen schon zu so früher Stunde, also war ich ziemlich mißgelaunt, zog einen Sommerpullover über und schlüpfte in die warme Jacke. Sie ist grün und hat einen Haufen Taschen für allerlei unnützes Zeug wie Zigaretten, Feuerzeug, Flachmann, Bindfaden, Taschentuch und dergleichen. Mein Hund war damals fast schon so alt wie ich und wollte nicht so recht, er sah mich aus seinem Korb nur schläfrig von unten an und gähnte. »Hast recht!« sagte ich zu ihm. »Wenn wir Schweiß haben, hole ich dich. Bleib nur liegen. Sei wenigstens du gescheit!« Auf Schweiß war die alte Hündin nämlich immer noch vorzüglich, nur die Passion ließ schon gewaltig zu wünschen übrig, wie es eben alten Menschen und alten Hunden so geht...

Am nur schlampig geschlossenen Scheunentor, durch das ich mich leise quetschte, um nicht durch sein Wimmern das ganze Haus zu wecken, stand noch immer der alte Nagel heraus, den ich längst hatte krummschlagen wollen, und so gab es eben einen langen Riß in der Jacke, aber wer auf einen alten Schlaumeierbock aus ist, den dürfen solche Kleinigkeiten nicht stören. Ich ließ es mir nicht verdrießen, schritt munter aus in der Finsternis, erreichte nach einer Viertelstunde unangefochten wieder einmal die luftige kleine Ansitzleiter im sogenannten Mittelholz, wo sich der Alte – manchmal – herumtrieb. Ich paßte auf, vertrat mir nichts und benahm mich mustergültig, rauchte nicht, quietschte nicht mit dem Schraubverschluß des Flachmanns, sah mir mit dem Glas die Augen aus dem Kopf, vor Sonnenaufgang, nach Sonnenaufgang, hielt noch fast eine ganze Stunde aus und schlenderte erst dann langsam nach Hause.

Wollte schlendern. Aber der Morgen war so schön und so klar, daß ich mich noch zu einem kleinen Umweg entschloß. Ich schlug mich durch die Felder, im Zickzack, die Raine entlang. Wenn die Frucht schon hoch steht, geht man nicht quer durch, das macht man nicht, das ist eine Sauerei. Ich habe das stets als ungehörig empfunden, quer durchs schon hohe Getreide zu gehen, mitten durchs wachsende Brot oder

Bier. Ich hatte dabei zeitlebens immer ein ungutes Gefühl, wenn ich es einmal tun mußte: auf der Rotfährte vielleicht oder aus anderen zwingenden Gründen. Und so dauerte es auch an diesem Tag im Zickzack eine ganze Weile, bis ich hinüberkam in den anderen Revierteil, wo der Bach fließt und ein Wäldchen beginnt, nicht gar groß, um genau zu sein: fünfzehn Hektar, darin eingestreut noch etliche Äcker, und dort wollte ich noch eine Stunde pirschen im Morgensonnenschein, um dann endlich in mein Standquartier oder zum Frühschoppen zu kommen.
Der stille Winkel des Reviers, den ich im Sinn hatte, lag aber jenseits des Baches, ich mußte wieder einen Umweg nehmen, und als ich endlich zu der schmalen Holzbrücke und ans andere Ufer kam, war mir in meiner warmen Jacke schon ordentlich warm. Die Sonne stieg und stieg und meinte es gut, und drüben ging es dann noch ziemlich bergauf, ohne Weg und Steg durch einen lichten Bestand von Fichten, auch Tannen dazwischen, Föhren mit rauher Rinde, Buchen mit glatter, hier und dort eine einsame Birke – bäuerlicher Mischwald, recht gut gepflegt. Ich wollte quer hindurch zu einem etwa traktorbreiten Weg, der an waldumschlossenen stillen Wiesen und Äckern vorbei sich in großem Bogen wieder zurück ins Dorf schlängelt. Vielleicht standen in dieser himmlischen Morgenstille doch noch ein paar Rehe draußen, nur zum Ansehen, dachte ich, weil mir der Gedanke, eines davon bis ins Dorf tragen zu müssen, nun schon unbehaglich war. Denn als ich endlich keuchend droben auf dem Weg stand, war ich klitschnaß unter meiner warmen Jacke, und ich verwünschte mich, weil ich unbesonnen die Direttissima genommen hatte, anstatt den bequemeren Steig zu wählen, den auch unsere Freunde, die Pilzsucher, bevorzugen. Wonach ich jetzt lechzte, war nicht irgendein Rehbock, auch der langgesuchte nicht, sondern ein kühles, blondes Bier, mit Verstand und Sachkenntnis eingenommen im Schatten der großen Linde, unter der im Sommer das Freilichttheater unseres Dorfgasthauses stattfindet. Ich riß mir die Jacke vom Leib, fädelte den Büchsenlauf durch die noch nicht abgerissene Schlinge, mit der man sonst üblicherweise eine Jagdjacke an einen Wirtshauskleiderhaken hängt, und ließ das dumme Ding am Lauf baumeln. Befreit von Last und Hitze pirschte ich nun den Weg entlang, aber wenn man einmal, wie ein ungeölter alter Motor, heißgelaufen ist in der Sonne und die jagdlichen Wunschträume ein kompaktes, schneeweißes Schaumhäubchen aufhaben statt eines Geweihs, dann ist es auch mit dem ordentlichen Pirschen so ziemlich vorbei. Daß man »Pirschen stehen« soll anstatt »Pirschen gehen«, weil das Gehen ja schon viel zu schnell ist, wird bei jeder

Jägerprüfung als Grundwissen vorausgesetzt. Die alten Hasen aber wissen genau, daß es auch eine dritte Variante gibt: »Pirschen rennen«. Das ist die Variante, die vor allem die älteren Jäger an einem heißen Tag wählen, weil sie schon genug an der Wand haben und im Augenblick mehr an ihr leibliches Wohl und an den Wasserhaushalt ihres Körpers denken als an eine unwahrscheinliche oder gar fragwürdige Neuerwerbung für die Trophäenwand.

Ich muß es ehrlich gestehen, ich rannte mehr als ich pirschte, und der Weg, der sich hinabsenkt aus dem Wäldchen ins Dorf, schien kein Ende zu nehmen. Immerhin, ich war die Jacke los, sie baumelte am Büchsenlauf, und je mehr ich mich den ersten Häusern näherte, desto vergnügter war ich. Ich konnte es kaum erwarten, die riesige Wetterfichte zu sehen, die nach einer letzten Biegung des Weges sozusagen einen Schlußpunkt setzt hinter den grünen Wald: Aus, Ende, hier beginnt das Dorf, hier wohnen Menschen.

Neben der Wetterfichte steht das Transformatorhäuschen, und zwischen den beiden gibt es eine sogenannte »wilde« Mülldeponie, die alljährlich entsorgt wird und auf geheimnisvolle Weise wieder so üppig wächst wie die Himbeersträucher zwischen Transformatorhäuschen und Wetterfichte. Man konnte die Gegend dort, keine fünfzig Schritt hinter dem letzten Haus, getrost als Wüstenei bezeichnen.

Ich kam um die Wegbiegung, sah die Wüstenei und einen dunkelroten Fleck in dem Himbeergerank. Eine Himbeere war es nicht. Glas ans Aug: Hilf, Hubertus, einen Steinwurf weit hinter dem Dorf ein Rehbock! Nicht der, hinter dem ich nun im dritten Jahr her war – das wäre hier auf dieser Seite des Dorfes und so weit weg von seinem Einstand ziemlich unwahrscheinlich, wenn auch nicht unmöglich gewesen. Aber es war ein überlegenswerter Bock mit hohen, fast endenlosen Stangen, und ich beschloß, mit dem Überlegen aufzuhören und mit dem Schießen zu beginnen, denn der Bock wurde schon locker und würde sich in der nächsten halben Minute davonmachen – das sah man ihm an. Also rasch und leise zwei Schritte hin zum nächsten Baum und angestrichen, da war er schon im Glas, aber auch ein Ast war im Glas, na schön, dann eben niederknien, runter aufs rechte Knie – und die Finsternis brach herein, so tief und schwarz wie damals in Ägypten, als DER HERR den Pharao strafte oder so ähnlich, wenn ich mich recht erinnere. Beim Niederknien hatte sich die am Lauf baumelnde Jacke genau vor das Objektiv des Zielfernrohrs gewurstelt. Zuerst war ich verblüfft und dann verärgert, und als das Hindernis endlich zur Seite geschoben war, zog der Bock schon aus den stacheligen Himbeeren fort und zeigte mir nur mehr den Spiegel, und das mit großer Geduld so lange, bis er den gegenüberliegenden Waldrand erreicht hatte. Womit wir schon am Ende sind und auch der Beweis erbracht wäre, daß alle Leute unrecht haben, die mit der Redewendung, das sei doch »Jacke wie Hose«, ausdrücken wollen, das sei egal. Egal ist das bei weitem nicht. Denn, man stelle sich das vor, meine Hose hätte sich ja niemals so vors Glas wickeln können wie meine dumme Jacke...

Reihzeit
Eine jagdliche Humoreske

Am späten, am sehr späten Abend klingelte das Telefon. Am Apparat war mein Freund. Von Beruf ist er Übersetzer. In seinem Fach ist er Spitzenklasse, aber Jäger ist er keiner.

»Lieber Erwin«, summte es aus dem Hörer, »ich habe einen neuen Auftrag übernommen. Ich übersetze jetzt eine Artikelreihe aus einer englischen Jagdzeitschrift. Kein Problem, nicht schwierig, nur mit eurer dummen Jagdsprache kenne ich mich nicht so richtig aus, und blamieren möchte ich mich natürlich auch nicht. Nenne mir, bitte, ein paar Fachausdrücke.«

»Erstens«, belehrte ich ihn, »heißt es nicht Jagdsprache, sondern Waidmanns- oder allenfalls Jägersprache. Zweitens ist sie nicht dumm, sondern eine der ältesten Zunftsprachen im deutschen Sprachraum. Drittens schieß endlich los, denn ich möchte ins Bett. Worum geht's?«

»Also«, erläuterte er weitschweifig, »da sind drei Jäger auf der Jagd irgendwo im finstersten Schottland. Es ist gerade Gänsebrunft und –«

»Au weh!« mußte ich ihn unterbrechen. »Das fängt nicht sehr gut an. Es heißt nicht Gänsebrunft. Die Gänse wie auch die Enten haben keine Brunft, sondern Reihzeit. Aber ich sehe schon, daraus wird nichts. Warte, ich hole mir einschlägige Literatur und lese dir das Wichtigste daraus vor. So, da haben wir's schon. Schreib mit. Also... der Herr Gänserich heißt Ganter oder Ganser, Madame Gans hingegen bleibt schlicht eine Gans. Die aus einer Brut stammenden Jungen sind das Geheck. Ihr Nest ist ganz einfach ein Nest. Sind sie bereits flugfähig, nennt man sie flügge oder beflogen. Der Federnwechsel wird Mauser genannt. Was gibt es noch Interessantes? Hmja. Die harte Schnabelspitze ist der sogenannte Nagel, die Füße heißen Ruder oder Latschen. Die Gänse streichen zum Äsungsplatz, und den Flug dorthin nennt man Strich.«

»Strich?« hinterfragte er argwöhnisch. »Meinetwegen, wenn du es sagst. Ganz sicher fühle ich mich aber noch nicht in eurer komischen

Sprache. Darf ich dir den ersten Artikel zur Durchsicht senden, bevor ich ihn abliefere?«
»Du darfst«, sagte ich und ging zu Bett.
Zwei Tage später brachte mir die Post einen Durchschlag der Übersetzung. Ich war angenehm überrascht. Mein Freund hatte seine Wildgansstory recht ordentlich hingekriegt, und das ließ ich ihn auch wissen, was ihn mächtig freute.
Vierzehn Tage darauf klingelte erneut das Telefon, und natürlich war es wieder gegen elf Uhr nachts. Erbost schrie ich »Hallo?« hinein.
»Sei mir gegrüßt, mein guter Freund«, flötete er gutgelaunt. »Oder hörst du lieber ›Waidmannsheil!‹?«
»Von dir nicht«, brummte ich. »Und schon gar nicht um diese Tages- oder besser Nachtzeit. Was gibt es denn?«
»Warum so unwirsch?« fragte er. »Ich wollte mich ja nur noch einmal herzlich bedanken für die Lektion in Jagdsprache, die du mir beigebracht hast.«
»Wie wär's mit einem Honoraranteil?« biß ich giftig zurück, doch das überhörte er.
»Ich hab mir alles brav gemerkt und bei der Übersetzung des nächsten Artikels, die ich übermorgen abliefern muß, gut verwertet. Darf ich dir vorsichtshalber aber doch wieder eine Kopie senden, per Eilbrief, ja?«
Vorsicht schien auch mir am Platz, und so stimmte ich zu. Der Eilbrief kam am nächsten Morgen in aller Frühe. Unrasiert und übel gelaunt riß ich ihn auf und überflog zunächst den händischen Begleittext: »Lieber Freund, anbei wie vereinbart und so weiter. Diesmal geht's, wie du bemerken wirst, um Rehe. Ich hoffe, du bist mit meiner Gelehrigkeit zufrieden.«
Um Rehe! Hubertus, hilf! Grausiges ahnend, sank ich im Schlafrock auf den Badewannenrand zurück und las:

Die graue Geiß
Ein wundermilder Juliabend war's, und die Vöglein tirilierten im Walde. Die Reihzeit war in vollem Gange, doch der alten, grauen Geiß, die sich in diesem Jahr kaum gemausert hatte, war es nicht mehr so recht nach Artvermehrung zumute. Obwohl ihre Jungen bereits beflogen waren, hatte sie dem Geheck dennoch streng aufgetragen, im Nest zu bleiben. Sie selbst strich mit müden Latschen hinaus auf die Wiese zum Grasen. Dort aber erwartete sie eine üble Überraschung. Gismond, der junge, unverschämte Ganter, stand mit hocherhobenem Hals und Kopf unter den dunklen Fichten und blickte herrisch zu ihr

herüber. Schon stampfte er ungeduldig mit seinen schlanken, sehnigen Rudern, daß das weiche Moos nur so flog, und dann stürmte er zu ihr heran, nicht achtend ihre verärgerte Abwehr, und stupste ihr in unermüdlicher Aufforderung immer wieder mit dem harten Nagel an das zarte Hinterteilchen...

O du meine Güte!
Ich warf mich unrasiert ins nächste Taxi und verbrachte den ganzen Vormittag damit, grausiges Unheil zu vermeiden. Dann sagte ich eindringlich zu ihm: »Also paß gut auf! Es heißt nicht Reihzeit, sondern Brunft. Und nicht Mauser, sondern Haarwechsel. Die Jungen sind natürlich die Kitze statt des Gehecks, und die verdammte unverfärbte Geiß hat keine müden Latschen, sondern Läufe, ebenso der junge Bock, den sie blödsinnigerweise Gismond getauft haben in dieser abgrunddummen Geschichte da. Er hat keinen Hals und keinen Kopf, dafür aber einen Träger und ein Haupt, und er blickt nicht herrisch, sondern er äugt. Und – du lieber, grundgütiger Himmel! – womit er sie an der Schürze stupst, das ist nicht der Nagel wie bei den Gänsen, sondern der Windfang oder meinetwegen der ganze Äser. Kapiert?«
»Schürze?« greinte er hilflos und wurde dann böse. »Jedesmal redest du was anderes daher. Ich glaube fast, du verstehst selbst nicht viel von diesen Fachausdrücken. Na schön«, und das klang schon schnippisch, »ich danke dir für deine bisherigen Bemühungen. Für den nächsten Artikel besorge ich mir ein Lexikon der Jagdsprache. Das wird sich ganz sicher klarer ausdrücken als du!«
»Bitte sehr, nur zu!« grollte ich. »Da kann der Erfolg ja nicht ausbleiben.« Ich nahm meinen Hut und verließ ihn empört.
Vierzehn Tage vergingen, und obwohl die nächste Übersetzung bereits fällig sein mußte, ließ er nichts mehr von sich hören. Er arbeitete also nunmehr mit einem Lexikon der Waidmannssprache. Auch gut. Ich hätte froh sein können, doch in meiner waidwunden Seele nagte ja doch dumpfe Besorgnis. Schließlich war er mein Freund, und ich wollte nicht, daß ihm Böses widerfuhr.
Am fünfzehnten und am sechzehnten Tag herrschte kummerschwangere Stille. Am siebzehnten klingelte wieder häßlich das Telefon, aber nicht er war dran, sondern der Redakteur jener Jagdzeitschrift, für welche er übersetzte. Seine Stimme klang gepeinigt: »Komm sofort zu mir in die Redaktion, *biiitte!*«
»Wo brennt's?« wollte ich wissen.

»Er hat seinen nächsten Artikel abgeliefert. Du bist sein Freund. Du mußt es ihm ausreden. Er soll Kochrezepte übersetzen oder sonstwas.«
Obwohl es vernünftiger gewesen wäre, zuerst zum Arzt zu gehen und meinen Blutdruck messen zu lassen, eilte ich dennoch überstürzt in die Redaktion. Der Redakteur empfing mich schwermütig. »Setz dich. Kaffee kommt gleich. Du wirst ihn brauchen.« Er schob mir mit schlaffer Hand ein paar Seiten Manuskript über den chaotischen Schreibtisch her. Ich grapschte mit zitternden Fingern danach, angelte die Brille hervor und begann zu lesen:

Als Hase, Fuchs und Wildschwein zur Kirmes gingen – Eine Fabel
Ein wundermilder Märzabend war's, und die Vöglein tirilierten im Walde. Freund Lampe hatte eine anstrengende Brunft hinter sich. Was Wunder, wenn er nun gedachte, sich im Dorf auf der Kirmes ein wenig zu amüsieren. Madame Lampe freilich mußte zu Hause im Nest bleiben. Sie hatte ihre Schürze umgebunden und versorgte treulich die Kitze, vier an der Zahl. Gar putzig waren die Kleinen, die Wollknäuelchen, die mit dem Äser nach der süßen Muttermilch drängten. Doch dies kümmerte Herrn Lampe nicht. Unternehmungslustig wedelte er mit dem Bürzel und machte sich auf den Weg, immer dem Klang der Trompeten nach, der aus dem Dorfwirtshaus herüberscholl.
Am nächsten Feldrain begegnete er dem Fuchs, der mit seinem Wurf mißtrauisch ein Mauseloch beschnupperte und argwöhnisch den Stoß einkniff, als er Lampe erblickte.
»He, Reineke!« rief der Hase fröhlich. »Komm mit! Im Dorfwirtshaus ist Kirmes. Wir wollen uns einmal richtig die Beine vertreten. Die Menschen nennen das ›tanzen‹.«
Doch der Fuchs schüttelte übellaunig Haupt und Träger. Er hatte Pansengrimmen und bemühte sich schon seit Stunden vergeblich, sein Geschmeiß auf füchsisch-schickliche Art loszuwerden. Doch bisher hatte er keinen passenden Stein gefunden, und das verdroß ihn sehr.
»Höre«, sagte der muntere Lampe, »ich kann mir ja denken, daß auch du von der Rauschzeit ziemlich mitgenommen bist. Aber daran seid ihr dummen Füchse ja selbst schuld. Warum müßt ihr immer in euren dumpfen, stickigen Höhlen balzen, wo's doch unter freiem Himmel viel gesünder ist? Jetzt aber mach ein heiteres Gesicht, denk an die feine Mast im Wirtshaus und komm mit!«
Widerwillig meldete der Fuchs noch etwas vor sich hin, folgte aber dann doch hoppelnd dem Hasen, der zielstrebig vorausschnürte.

Am übernächsten Feldrain begegneten sie dem wilden Schwein. »Ha!« schrie Lampe begeistert, »dort steht Schweinchen Dick und kröpft stumpfsinnig vor sich hin, anstatt uns zur Kirmes zu begleiten!« Und er lief, vertraut mit den Tellern wackelnd, auf das Wildschwein zu. Doch Dickie war heute womöglich noch schlechter gelaunt als Reineke, denn er hatte den ganzen lieben Tag vergeblich nach ein paar Würmern und vorjährigen Kartoffeln gegründelt.
»Pack dich!« keckerte er daher den vorwitzigen Lampe an. »Sonst schlage ich dir meine Zähne um die Ohren, daß dir Hören und Sehen vergeht. Mit mir ist heute nicht gut Kirschenwurzeln!«
»Na, na«, versuchte der Hase ihn zu beruhigen, hielt sich dabei aber vorsichtig in angemessener Entfernung. »Was ist dir denn über die Schweineleber gelaufen? Hast du etwa auch eine aufregende Ranz hinter dir? Da, sieh dich nur an, wie du aussiehst, du Schwein! Deine Haare sind ja über und über voll Schlamm, kein bißchen Haut darunter ist mehr zu sehen!«
Dickie knörte bedrohlich, doch der vorwitzige Lampe war nun nicht mehr zu bremsen. »Ha!« schrie er, »und deinen Rüssel sieh dir an und dein häßliches Maul! Alles verschweinigelt! Was soll denn da deine Alte sagen, wenn du in diesem Zustand heimkommst in den Horst, zu ihr und deiner Brut?«
Dem eifernden Lampe ging beinahe der Atem aus, und er achtete nicht mehr darauf, daß das wilde Schwein sich ihm langsam und unauffällig zu nähern begann. Nur Reineke machte aufmerksam einen Kegel, hob die Lauscher und sah dem, was da kommen mußte, mit größtem Interesse entgegen. Der Hase aber fuhr, nun ein wenig versöhnlicher, in seiner Predigt fort: »Na ja, ist schon gut, beginn nicht gleich zu heulen, ich bin ja nicht so, ich hab noch nie einer Sau etwas zuleide getan. Pfauch mich nicht so an! Weißt du, was wir machen? Wir nehmen dich mit ins Dorf zur Kirmes, aber vorher müssen wir dich ein wenig waschen. Die Menschen haben ein sehr praktisches Gefäß, sie verwenden es beim Schweineschlachten und nennen es Sautrog. Dort hinein werden wir dich stecken und –«
Weiter kam der unglückselige Löffelmann nicht. Der Eber hatte sich scheinheilig immer näher an ihn heranbewegt und stieß nun zu. Mit seinem beinharten Nagel traf er den Ärmsten mitten zwischen die Lichter, so daß er auf der Stelle verstarb...

Ich weiß nicht, wie die Übersetzung weiterging und ob Fuchs und Sau nun allein zur Kirmes wanderten. Als ich aus der Ohnmacht erwachte, hörte ich wie von weitem jemanden schrille Entsetzensschreie ausstoßen, und es dauerte eine ganze Weile, bis ich draufkam, daß ich selbst es war, der da so brüllte. Dann weiß ich nur noch, daß zwei Männer in weißen Kitteln mir freundlich zuredeten und mich in eine Zwangsjacke steckten.

Ich darf mich nicht beklagen, sobald ich mich einmal beruhigt hatte, behandelten sie mich recht gut, ganz wie einen normalen Menschen, und schon nach vier Wochen kam ich vor eine Kommission, die über meine Entlassung entscheiden sollte. Sie bestand aus drei Ärzten, die hinter dicken Brillengläsern saßen und mich anstarrten.

»Wir freuen uns«, sagte der erste Arzt, der kein Jäger war, »daß es Ihnen schon wieder so gut geht, daß wir an Ihre Entlassung denken können...«

Ich verneigte mich fröhlich.

»Nur noch eine kleine Testfrage«, lächelte der zweite, der ebenfalls kein Jäger war, gewinnend. »Was ist eine Schürze?«

»Eine Schürze«, antwortete ich freudig, weil ich die Antwort wußte, »ist ein zweckmäßig zugeschnittenes, meist farb- und kochechtes textiles Gewebe, das sich die Damen vor den Bauch binden, wenn sie sich bei irgendeiner Haus- oder Küchenarbeit nicht schmutzig machen wollen.«

»Brav, brav«, lobte der zweite Arzt und wandte sich, Zustimmung heischend, an den dritten und ältesten, der offenbar das Sagen hatte, doch dieser sah sehr skeptisch drein, machte nur Falten auf finsterer Stirn und schwieg. Da wurde ich wütend. Er war doch Jäger, dieser dritte, und ich hatte mich in diesen endlosen vier Wochen oft genug mit ihm über die Waidmannssprache unterhalten. Wußte er denn wirklich nicht, was eine Schürze war? Eine wahnwitzige Lust befiel mich, es ihm ausführlich zu übersetzen, und ich sprudelte los:

»Eine Schürze, verehrter Herr Doktor, Waidkamerad, Grünrock, Hubertusjünger, Sonntagsjäger, Schlumpschütze, eine Schürze ist ein irrsinnig praktisches Ding! Meine Frau, zum Beispiel, bindet sich mit Vorliebe ihre Schürze um, wenn sie Wildbret für die Küche zurichtet. Wenn sie etwa einen Fasan, den ich im Geflügelladen gekauft habe, seines schillernden Haarkleids beraubt, ihn aufbricht und dem zartfleischigen Leib das Gedärme entnimmt, nicht ohne daß ich vorher seinem Schwanz eine prächtige Feder geraubt hätte, für meinen Hut. Oder die Rebhühner, die überaus zarten: Wenn sie in der räucherspeckduftenden Soße brutzeln, würde mein Weib da nicht befleckt von den Spritzern des köstlichen Saftes, hätte sie keine Schürze vorgebun-

den? Oder gar, wenn sie in blutiger Küchenschlacht einen Hasen aus der Decke schlägt, ihm die Schwarte über die Gehöre streift – wie sähe sie dann aus, meine Teure, ohne Schürze? Oft genug hat es ihr schon so sehr gegraut vor dieser roten Arbeit, daß ich zu ihr sagen mußte –«
An dieser Stelle meiner Ausführungen unterbrach mich der jagende Herr Doktor, fuchtelte mit drohendem Zeigefinger vor meiner Nase herum und blitzte mich an:
»Sie tun ja gerade so, als müßten Sie mich, einen gestandenen Jäger, belehren, was eine Schürze ist! Diese Ihre Eigensinnigkeit ist ein schwerwiegendes Symptom, das sehr gegen Ihre Entlassung spricht. Ganz abgesehen davon, daß Sie keine Ahnung von der Waidmannssprache haben. Und noch etwas stimmt mich bedenklich: Ihre Gefühlsroheit übersteigt alle Grenzen!«
»Wie bitte?« blinzelte ich verwundert.
»Jawohl«, beharrte er. »Denn wenn Sie schon wissen, daß es Ihrer Frau vor einem Hasen graut, der außen so gut schmeckt und innen so sehr stinkt – dann nehmen Sie ihr doch gefälligst diese Arbeit ab!«
»Und wenn es mir selber davor graut?« fragte ich listig, denn ich wollte ihn ärgern. Doch dies mißlang. Plötzlich lächelte er spitzbübisch, die Drohfalten schwanden von seiner Stirn, und er sagte freundlich: »Ich gebe ja zu, daß es auch mir oft graut vor dem Gestank, wenn ich mit dem Skalpell die Bauchdecke eröffne. Aber man muß sich zu helfen wissen. Man muß unangenehme Dinge aufschieben können. Wissen Sie, was ich meist mache?« Voll Freude über seine eigene Schläue wurde er immer behäbiger und friedlicher: »Dann nehm ich den armen Has' her, binde ihm ordentlich die Ständer zusammen, trage ihn hinauf auf den Dachboden, hänge ihn recht luftig mit Schnauze und Stingel nach unten an den rostigen, beinharten Nagel, und wenn das Wetter weiter so kalt bleibt, hält er sich frisch bis zur nächsten Reihzeit!«

Ein Stoßzahn per Post

In Afrika war ich nur ein einziges Mal, und zwar nicht als Jäger, sondern als Fototourist. Und auch das sozusagen nicht aus freien Stücken, aus innerem Wunsch oder Antrieb, sondern aus handfestem, ernsthaftem Anlaß. Also wird dies auch keine Jagderzählung im eigentlichen, im herkömmlichen Sinn, denn die Jagd spielt darin zwar die Hauptrolle – man muß nur ein wenig aufpassen, um es zu bemerken –, aber es war nicht *meine* Jagd. Wie ich selbst über die bezahlte Jagd und erst recht über die bezahlte Jagd im Ausland denke, heute freilich schon viel duldsamer als einst in jungen Jahren, das hat mein Verleger schon im Vorwort ein wenig umrissen.
Wie so vieles andere, scheint auch die deutschsprachige Jagdliteratur heutzutage ein wenig ambivalent zu sein: Manche Veröffentlichungen schenken der Jagd in fernen Ländern wenig Beachtung, als gäbe es sie überhaupt nicht, andere Verlage wiederum widmen ihr breiten wildkundlichen und belletristischen Raum. Das mag – auf beiden Seiten – gute Gründe haben, denn die Standpunkte, ob überhaupt, und wenn ja, auf welche Weise man für Geld im näheren oder fernsten Ausland jagen soll, sind ja sehr verschieden. Und so will auch der folgende Bericht keine Wertung sein, sondern allenfalls zum Nachdenken anregen. Urteilen mögen nur jene, die beides kennen, die heimische und die fremde Jagd, denn der Sinn des heutigen Jagens, der nicht mehr auf Nahrungsbeschaffung ausgerichtet ist, das also, was uns heute zum Jagen treibt, wird wohl überall gleich sein, ob nun in unserer Au, im waldigen Hügelland und hoch droben am Berg oder dort irgendwo in den Steppen Afrikas oder sonstwo in der weiten Welt.
Wenn der Zufall einmal beginnt sein Spiel zu treiben, wird er oft maßlos und treibt es arg. Ich kannte diese so klein gewordene Erde vom Nordkap bis zur Biskaya, von Irland bis zum Ural und noch ein gutes Stück dahinter, aber Afrika hatte ich noch nie gesehen, es sei denn über die Meerenge von Gibraltar hinweg als fernen, harmlosen Hügel im

Dunst der Sonne. Farbige Prospekte lagen vor mir, Kenia, Mombasa, erinnerlich als schauerliche Schlagzeilen während der Mau-Mau-Aufstände in den fünfziger Jahren. Ich hatte wenig Lust zu buchen, keinesfalls als Jäger, eher noch als Tourist mit der Kamera, aber schließlich ließ ich auch diesen Gedanken fallen und warf die bunten Reisekataloge fort.
Dann kam dieser Zufall, kam der Brief mit wunderhübscher Tierbildmarke, von einer mir völlig unbekannten Absenderin, Poststempel Nairobi/Kenia. Meine Verwunderung war groß, ich drehte den Brief lange hin und her, aber da Name und Anschrift stimmten, Irrtum ausgeschlossen, schnitt ich den Umschlag schließlich auf. Ein sehr kunstloses Sofortbild-Foto fiel heraus, es zeigte eine bescheiden mit Feldsteinen eingefaßte Grabstätte, darauf auch ein Grabstein mit Inschrift, und trotz der schlechten Qualität des Fotos war der Name recht gut leserlich.
Dazu gab es ein paar handgeschriebene Zeilen in Englisch. Die Tochter eines hochbetagt verstorbenen Mannes schrieb, sie habe ein Vermächtnis zu erfüllen. Es werde mir demnächst per Post ein Erbstück zugehen, ein Elefantenstoßzahn, ein einzelner. Warum ausgerechnet dieser eine, im Testament genau bezeichnete einzelne, das wisse sie nicht, sie erfülle nur den letzten Willen des Vaters. Hoffentlich hätte ich keine Schwierigkeiten mit dem Zoll. Sie selbst übersiedle schon bald nach Europa. Yours sincerely, Helen Soundso.
Aber ich wußte, warum es nur dieser eine, einzelne Stoßzahn war! Und da war alles Zögern vorbei, ich schämte mich meiner weißen Haare nicht und ging, nein, rannte zum Reisebüro. Der lang hin und her gewälzte Entschluß war gefaßt, dies war nur der letzte Anstoß gewesen.
Ich sah Kenia. Ich sah es ohne Büchse in der Hand, wie es alle Touristen sehen, so wie es ihnen gezeigt wird. Ich ließ mich in die Autobusse oder Geländefahrzeuge quetschen und tagelang auf den Pisten durch Sand und Hitze schleudern. Ich schoß Fotos wie alle anderen Touristen von den »wilden« Löwen und den »wilden« Massai. Und von den wilden Touristen aller Nationen. Denn die waren die wildesten. Aber einen Tag lang boxte ich mich frei von der Massenabfertigung. Ich lieh mir einen Leihwagen und dazu einen Leihwagenlenker, und wir fuhren vier Stunden nach Süden. Es war nicht ganz leicht, die alte Sisalplantage zu finden, die nun einem Portugiesen gehörte, und unsere Verständigung muß ziemlich babylonisch gewesen sein, denn er konnte außer seiner Muttersprache nur Französisch und ausreichend

Swahili, während ich kein Wort davon verstand und der Kikuyu-Chauffeur ein nur sehr mäßiges Englisch radebrechte. Es tut mir leid, daß ich von diesem Gespräch keine Bandaufnahme habe. Sie hätte gewiß einen hohen Unterhaltungswert.
Der Portugiese war sehr höflich. Ja, sagte er, die englische Dame sei schon abgereist, die Verträge seien unterschrieben, es gehöre nun alles ihm, aber Sisal, nun ja, die Weltmarktpreise und so, das sei nicht so recht seine Sache, vielleicht werde er sich etwas anderes einfallen lassen. Und ob ich nun das Grab sehen wolle. Ich wollte, er führte mich hin, und ich sah es genauso wie auf dem Foto, nur war es jetzt schon ein wenig verwahrloster. Der kunstlose Stein mit der Inschrift begann sich ein wenig zu senken. Er stand schief, und ich erkannte endlich, wie schief es von mir gewesen war, diesen Stein unbedingt sehen zu wollen.
Wir fuhren zurück nach Nairobi, ein paar Tage später kam der Bus und brachte uns nach Embakasi, und dort kam der Jet und brachte uns nach Hause. Den Touristen liefen die Tränen und der Schnaps aus den Augen, und sie sangen »Auf Wiedersehen, auf Wiedersehen!«, also muß es ihnen gefallen haben, und das ist schließlich auch die Hauptsache, wenn man viel und gutes Geld ausgegeben hat.
Ein paar Wochen später kam nach langer Reise tatsächlich ein großes, längliches Paket mit der Post, es war schwer – obwohl doch nur ein einzelner schwacher Stoßzahn einer Elefantenkuh drinnen war –, und alle Gebühren waren im voraus bezahlt. Ob auch der Zoll? Ich weiß es nicht. Niemand forderte ihn von mir. Die »englische Dame« mochte alles geregelt oder ich vielleicht eine Menge Glück gehabt haben, denn auch der vergleichsweise schwache Zahn einer Kuh läßt sich ganz stolz verzollen. Ich packte ihn aus und lehnte ihn malerisch in die Ecke meines Trophäenzimmers, in der er heute noch steht, und die Erinnerung an den kleinen Mann, der vierundneunzig Jahre alt geworden war und dessen Grab ich besucht hatte, schlug zu wie ein Hammer.

*

Einige Jahre nach dem zweiten großen Krieg, als wir die Sorgen um das nackte Überleben schon ein wenig hinter uns und den Wiederaufbau auch des Jagdwesens vor uns hatten, lernte ich bei einer Hühnerjagd einen – wie mir zunächst schien – recht merkwürdigen Mann kennen. Merkwürdig, ja, das ist das richtige Wort, und wer auch immer das persönliche Unglück hat, die damaligen Verhältnisse zu kennen – denn diese Kenntnis bezahlte er ja mit Lebensjahren –, der wird mir zustimmen: Höchst merkwürdig. Der Mann war viel älter als ich, klein und zäh und sonnenverbrannt sah er aus, und während wir anderen bei der Rast am frühen Nachmittag hemdsärmelig in der Hitze des Septembertages schmachteten und die Hunde das in Feldflaschen mitgebrachte Wasser aus unseren Hüten schlappten, saß er bis obenhin zugeknöpft – in jeder Bedeutung des Wortes – abseits im Schatten eines Strauchs und sah blauäugig über die flimmernden Felder irgendwohin in die Weite. Gerade dieses Bild hat sich mir, ich weiß nicht, warum, ganz besonders eingeprägt. Seinen breitkrempigen, sandbraunen Hut zierte anstatt der bei uns üblichen grünen Kordel oder des grünen Bandes ein dünner Streifen Leopardenfell, und sein grellbuntes Halstuch – meine Krawatte hatte ich längst in die Hosentasche gestopft – wurde von einem ziemlich barbarisch aussehenden geschnitzten Elfenbeinring mit weit ausgebreiteten ziselierten Geierflügeln zusammengehalten. Ähnlich phantastischen Halsschmuck tragen, allerdings in Blech oder Silber oder Gold, je nach Vermögenslage und Geschmack, beispielsweise die Texaner. Bei einer unserer Hühnerjagden damals durfte man den kleinwüchsigen Mann sicher einen »komischen Vogel« nennen. So etwas gab es nicht alle Tage zu sehen, und das um so mehr, als wir immer konservativer wurden in unserer Jagdbekleidung, je mehr Auswahl sich nun nach langen Jahren des Mangels in den Schaufenstern zeigte. Was allerdings nicht ausschloß, daß auch die blaue Schürze des Altbauern und seine Holzpantoffel vorläufig noch alltäglich waren und akzeptiert wurden, wenn er nur ein gerechter Jäger war. Wir Jungen aber liefen damals fast schon nur mehr in Grün. Modische Auswüchse blieben den späteren Jahren des Jagd-Booms vorbehalten und haben sich, obwohl der beginnende Wohlstand viel Verrücktes mit sich brachte, glücklicherweise nicht auf Dauer durchgesetzt.

Noch von den Uniformzwängen während des Krieges geschockt und damals schon, als noch junger Mann, nach mancher Erfahrung bereit, den Menschen nicht nur nach Äußerlichkeiten zu beurteilen, verzieh ich dem seltsamen Fremden diese kleinen Abweichungen von unserer üblichen Jägerkleidung gern und bat, mich zu ihm setzen zu dürfen, in den Schatten, unter den Strauch, zumal er nur kurz mit dem Jagdherrn ein paar Worte gewechselt hatte, der sich nun wieder seinen anderen Gästen widmete. Im Abseits der kleinen Schar, die sich mit fröhlichen Späßen die Mittagspause vertrieb, entwickelte sich ein von der drückenden Hitze nicht gerade beflügeltes, eher träges, für mich aber

eindrucksvolles Gespräch. Es sollte, irgendwie am Rande, auch mein ganzes weiteres Leben als Jäger beeinflussen; nicht etwa, was mein Jägersein betraf, sondern, das möchte ich betonen, nur mein Jägerdenken. Ich erfuhr, daß er in Afrika eine kleine Sisalfarm besaß und eine Lizenz als »White Hunter« und Jagdausrüster, die er aber kommerziell wenig verwertete, weil er »am liebsten allein ging, ohne Menschen, nur mit ein paar Trägern«, wie er wörtlich sagte. Ohne Menschen, nur mit ein paar Trägern – in solcher Ausdrucksweise könnte man ungeheuerlichen Zynismus wittern, grenzenlose Verbitterung vielleicht, aber er meinte es durchaus nicht so wörtlich-bösartig, denn Bösartigkeit war ihm fremd, obwohl er schon viel Böses erlebt hatte. Böses und Kurioses. Sein Vater war Russe gewesen, seine Mutter Kolonialengländerin, seine erste Frau, schon verstorben, Irin, seine zweite Frau, die mit der Tochter Helen auf der Farm lebte, war Deutsche. Ein buntes Puzzlespiel, aber es war nichts Spielerisches daran. Er selbst gondelte nun schon seit langem zwischen Nairobi und Deutschland hin und her, da es auch hier einiges – und nicht wenig! – zu verwalten gab. Die meiste Zeit aber sei er drüben, erzählte er, obwohl die besten Zeiten des Sisals vorbei seien, und die Jagd – nun ja, wie gesagt, eine kleine Lizenz nur, kaum der Rede wert, wenn man afrikanische Größenordnungen als Maßstab in Betracht ziehe. Ich ahnte schon damals, bei unserem ersten Gespräch, daß er weit untertrieb, aus welchen Gründen auch immer. Die Hühnerjagd ging dann weiter, die Mittagsrast war vorbei, und da ich ihn nun aufmerksamer beobachtete als am Vormittag, stellte ich fest, daß die Flinte nicht gerade sein bestes Instrument war. Brutal gesagt, der Großwildjäger war, an unserem Durchschnitt gemessen, ein mehr schlechter als rechter Schrotschütze, doch schien ihn dies in keiner Weise zu ärgern. Er nahm sein Kreuz gelassen auf sich, während es doch genügend unzulängliche Schrotschützen gibt, die unermüdlich und laut den Nachbarn rechts und links jeden Fehlschuß zu begründen wissen, obwohl doch keiner Rechenschaft von ihnen fordert.
Warum ich diesen außergewöhnlichen Mann, der dann lange Jahre eine Randfigur in meinem Leben blieb, so ausführlich beschreibe, muß dem ein wenig nachdenklichen Leser bald klar werden. Trotz oder gerade wegen der großen Unterschiede, die uns prägten – vom Altersunterschied nun einmal ganz abgesehen –, verband uns doch sehr viel Gedankliches. Er war reich von Geburt an und ein damals viel gelesener, heute vergessener Jagdschriftsteller. Er schrieb in Englisch und

hatte einen Londoner Verleger, aber fast alle seine Bücher wurden ins Deutsche übersetzt und verkauften sich sehr gut. Doch die Honorare, man stelle sich das vor, verursachten ihm nur Ärger beim Finanzamt, er brauchte sie nicht. Er schrieb nicht, um Geld zu verdienen. Er schrieb über Afrika, weil er Afrika liebte. Ich aber war arm und hockte zeilenschindend in Redaktionen und Lektoratsstuben herum. Denn Arbeit mußte sein, ich konnte mich nicht jagdschwärmerisch in all den Revieren herumtreiben, wo man mir damals überall freundschaftlich freie Büchse bot: mehr, als ich zeitlich zu bewältigen imstande gewesen wäre. (Was später aber auch sein Ende fand, als in den sechziger und siebziger Jahren die Pracht und die Macht des Geldes entdeckt wurden und nur mehr die wenigen wirklichen Freunde zählten.)

Wir waren also so gut wie in allem verschieden, Berührungspunkte im täglichen Leben gab es kaum, aber über die Jagd konnten wir eindringlich miteinander reden, oft auch streiten. Doch miteinander streiten ist wohl immer noch viel besser und vernünftiger als gegeneinander.

Wenn er gerade wieder einmal da war, rief er mich an, und ich beeilte mich, ihn zu besuchen. Sein Haus lag draußen im Westend, im Grünen, in bester Wohnlage, aber irgendwie schien es auch tatsächlich nach Mottenpulver zu riechen, nicht nur des optischen Eindrucks wegen, der durch die weißen Schutzbezüge der Polstermöbel hervorgerufen wurde. Und es war ja auch wirklich den größten Teil des Jahres eingemottet, das ganze Haus, und nur wenige Wochen jährlich bewohnt. Es glich einem Museum von Trophäen, nicht nur aus Afrika. Viele waren darunter, die ich gar nicht kannte. An der Wand seines Arbeitszimmers, hinter seinem mächtigen Schreibtisch, hing ein nicht minder mächtiges Löwenfell – oder muß ich »Decke« sagen oder gar »Haut«? Ich weiß es nicht. Die Löwen gehören nicht zu meiner Welt. Das Fell war ohne Kopf (oder Haupt?). Es war nicht gelblich wie das eines Zirkuslöwen, es war von so unsagbar fremdem, fahlem Weiß, daß ich es beim ersten Besuch und beim ersten Hinsehen für ein Eisbärfell gehalten hatte. Damals war mir das sehr genierlich gewesen, doch ihn schien es überhaupt nicht verwundert zu haben, das ginge fast jedem so, tröstete er mich und erläuterte irgendwelche geographisch oder genetisch bedingte Farbvariationen, die ich bald danach wieder vergessen hatte.

Eines Tages führte er mich hinauf auf den Dachboden. Dort lagen zwischen lästigen Spinnennetzen, aber säuberlich nach Größe und Qualität sortiert und mit Datumsschildchen versehen, hundertfünf (!)

Elefantenstoßzähne im Staub. In ungerader Zahl lagen sie da, merkwürdig, als warteten sie auf das Jüngste Gericht. Ein Vermögen wert. Er brauchte es ebensowenig wie seine Schriftstellerhonorare. Er wollte es – und das verstand ich nur zu gut als Jäger – genausowenig verwerten, wie etwa ich auf den Wahnsinnsgedanken käme, einer vorübergehenden Knappheit wegen meine paar Trophäen zum Knopfdrechsler zu bringen. Es ging ihm ja nicht um den materiellen Wert, den er kaum wahrnahm, sondern um den Erinnerungswert, und genau das ist der Grund, warum wir alle, ob arm oder reich, unsere Trophäen aufbewahren. Denn die Erinnerung ist so ziemlich das einzige, was man dem Menschen nicht nehmen kann.
»Dreiundfünfzig Elefanten«, sagte er ruhig und ohne erkennbare Begeisterung. Und zur Erläuterung der ungeraden Zahl machte er eine knappe Handbewegung, nur einen Fingerzeig hinüber: »Die alte, schwache Kuh dort hatte nur den einen. Der abgebrochene Stumpf des zweiten lohnte nicht.«
Ich war entsetzt, und nicht nur allein deswegen, weil sich schon damals das Schicksal der Elefanten abzuzeichnen begann. *Er* entsetzte mich, er, ein Mensch den anderen, viel jüngeren, mit der – wie mir damals schien – vermeintlichen Unfaßbarkeit seines Handelns. Denn er war kein Schinder. Er war ganz genau das, was man so obenhin und ohne lang zu überlegen einen »guten Menschen« nennt.
Und da sind wir nun auf dem Punkt, das ist nun der Kern der Erzählung, von der ich am Anfang sagte oder meinte, es sei »eigentlich« keine richtige Jagderzählung, die Jagd spiele darin zwar die Hauptrolle, aber man müsse ein wenig aufpassen, um es zu bemerken.
Ich stand also mit ihm droben unter dem Dach und sah ihn entsetzt an – ich meine, er muß es bemerkt haben –, und ich fragte ihn: »Warum tust du das?«
Heute, mit dem Wissen meiner späten Jahre, würde ich nicht mehr fragen. Ich wüßte die Antwort auch ohne Auskunft, ich wüßte sie aus mir selbst heraus. Er gab sie rasch und ohne nachdenken zu müssen, genauso wie ihn die Frage nicht im geringsten zu verwundern schien: »Warum? Weil immer wieder *die Kraft und der Wille* noch ausreichen, sich selbst und die Furcht zu überwinden und ganz einfach, als wäre nichts dabei, ganz knapp vor sie hinzutreten und das eigene Herz zur Ruhe zu zwingen . . .«
Aber dann stutzte er, das Sonnenlicht fiel durch die in rhythmischen Mustern zwischendurch eingesetzten gläsernen Dachziegel und ließ die Stäubchen in der Luft sichtbar werden, die unsere Schritte aufge-

wirbelt hatten, und er sagte schroff, aber nicht böse: »Was zwingt den Kletterer ungesichert in die extreme, vereiste Wand?«
Ich schwieg, er lächelte, und wir gingen wieder die Treppen hinunter in sein Arbeitszimmer.
Ich habe viel gelernt von diesem kleinwüchsigen Großwildjäger mit den blauen Augen und dem Herzen eines Löwen. Trotz aller Gegensätzlichkeiten, ja Unbegreiflichkeiten hat er mir vieles in mein eigenes Jägerleben mitgegeben. Nichts von seinen Erfahrungen als berühmter Jäger, denn ich hatte nie die Absicht, es ihm gleichzutun, selbst wenn dies im Bereich meiner Möglichkeiten gelegen hätte. Auch als Jagdschriftsteller konnte er mir nichts mitgeben, denn er war ja ganz anders als ich, und das Schreiben ist ja wohl nichts anderes, als sein eigenes Ich zu Papier bringen. Man kann von fremden Vorbildern allenfalls ein bißchen Technik lernen, nicht aber das Umstülpen des eigenen Denkens und Seins. Ich zumindest konnte es nie so richtig, wenn es auch oft genug – meist in bester Absicht – aus redaktionellen Gründen von mir verlangt wurde.
Was ich ihm zu danken habe, ist dies: Er war einer von den wenigen, die mich lehrten, die Unterschiede zu sehen und wenigsten zu versuchen, gerecht zu sein, denn Wahrheiten liegen fast immer in der Mitte, und zwischen dem bösesten Schwarz und dem engelsreinsten Weiß gibt es eine Unzahl von Zwischentönen und Schattierungen – auch und ganz besonders bei der Jagd.
Das Jagen hier und das Jagen dort sind grundverschieden, und ebenso grundverschieden ist, was darüber und *wie* es geschrieben wird, mit welchen unterschwelligen oder unverhüllten Wertungen. Aber immer blickt hinter dem Geschriebenen ein Fünkchen Mensch oder Menschengeist hervor, von diesem so gesehen, von jenem wieder auf andere Weise, Duldsamkeit fordernd, und wohl kaum etwas anderes verdient und braucht mehr Duldsamkeit als der Mensch mit seinen Schwächen und Leidenschaften, *wenn er nur gutwillig und nicht böse ist von Natur.* Denn auch die Natur kennt das Böse nicht, sie kennt nur – ob nun Fauna oder Flora – ihre logischen Gesetze von Arterhaltung und Artvermehrung. Unduldsamkeit aber hat schon Kontinente in Aufruhr und Flammen gesetzt und tut das immer wieder.
Ein paar Jahre später löste er seinen inländischen Wohnsitz auf, verkaufte die Villa im Grünen und übersiedelte mit Sack und Pack nun endgültig nach Afrika. Mit Sack und Pack, darunter hundertfünf Stoßzähne. Ob es dann noch mehr geworden sind? Ich weiß es nicht, ich hörte und las wenig von ihm, auch in den Fachzeitschriften längst

nicht mehr so viel wie einst, ein paar Briefe wurden noch gewechselt, dann schlief auch der Briefwechsel ein, wie das so üblich ist.

Bis dann nach langen, langen Jahren der Brief seiner Tochter kam mit dem nicht sehr guten Foto einer schlichten Grabstätte in fernem Land und schließlich der eine Stoßzahn mir spesenfrei ins Haus geliefert wurde. Die übrigen hundertvier wird die Tochter, die »englische Dame«, wie der Portugiese sich ausdrückte, wohl verscherbelt haben, bevor sie die Farm verkaufte und nach England ging. Wenn sie sich dabei nicht übers Ohr hauen ließ, muß sie ein schönes Stück Geld dafür kassiert haben.

Kann schon sein, daß nun der Einwand kommt, was denn das für eine Jagderzählung sei, es knallt ja kaum, der Hitzetag bloß, die Hühnerjagd damals, ein paar Hühner am Galgen, die gibt es ja auch schon kaum mehr, alles kaputtgemacht mit Gift und Kultursteppenbetrieb, alles vorbei, keine Realität mehr, nur die »White Hunters« und die Jagdausrüster gibt es noch, und die versprechen dir das Blaue vom Himmel Afrikas oder der Mongolei oder sonst einer Weltgegend und ziehen einem ja doch nur das Geld aus der Tasche.

Das ist ein Standpunkt, und man darf ihn nicht grundsätzlich verteufeln. Besonders dann nicht, wenn der Unzufriedene diesbezüglich böse eigene Erfahrungen vorzuweisen hat.

Ein anderer Zwischenruf könnte lauten: Nun, da sieht man es ja wieder, wie sie es getrieben haben, nicht nur die schwarzen Wilderer, dreiundfünfzig Elefanten einer allein, und da wundern sie sich noch, daß es bald keine mehr geben wird. Auch das ist ein Standpunkt, und gerechterweise wird man auch diesen nicht grundsätzlich verteufeln dürfen.

Aber die Standpunkte der anderen sind zumindest dazu da, den eigenen Standort zu bestimmen und zu überdenken. Auch wenn man der Jagd im Ausland und ganz besonders der Großwildjagd durchaus nicht ablehnend gegenübersteht, so muß das Resultat allfälliger Überlegungen und Vergleiche dennoch ungefähr so aussehen:

Wer hier bei uns zu Hause in Übereinstimmung mit der Tragfähigkeit des Biotops und im Rahmen eines darauf abgestimmten Abschußplanes ein Reh erlegt oder ein Stück Rotwild oder was immer, der erhebt nicht die Hand wider die Natur, sondern er erntet, was er in einer naturfeindlich gewordenen Betonlandschaft vorerst gesät, hegt und erhalten hat. Denn ohne den Jäger gäbe es schon heute fast alle die Wildarten nicht mehr, »die er nur hegt, um sie dann reichlich totschießen zu können«, wie man ihm oft genug vorwirft.

Auf der anderen Seite hat jeder, der – beispielsweise – in Afrika einen Elefanten oder einen Löwen schießt, keine Möglichkeit, nicht die kleinste, nicht die geringste, mit eigener Hand irgend etwas für die Hege und die Arterhaltung der Elefanten oder Löwen zu tun, außer ein paar Münzen in eine Sammelbüchse des World Wildlife Fund zu werfen!
Der Unterschied erscheint mir bedeutsam.
Aber die phantastische Lebensgeschichte des kleinen, blauäugigen Großwildjägers, die hier bei weitem nicht erzählt, sondern nur ganz knapp angerissen wurde, will, wie schon angedeutet, keine Standpunkte einnehmen, den einen nicht und den anderen nicht, und keine Wertungen treffen. *Sie rührt aber mit Bedacht an die Wurzeln der uralten Frage, warum wir heute noch jagen*, der eine hier, der andere dort, wo wir eben hin- und hineingeboren wurden, im schlechtesten Fall: wo wir uns einkaufen mußten, um überhaupt jagen zu können.
Grundsätzlich wertend und wichtig ist nur, daß es die waidgerechte Art ist, auf die wir jagen.

Die Hütte im Wald

»Hier ist gut sein, hier laßt uns Hütten bauen.«
Matthäus 17,4
Markus 9,5
Lukas 9,33

Im Hochsommer sind die Nächte so kurz, daß die jagdliche Geselligkeit, die ja auch unabänderlich mit zum Waidwerk gehört, oft genug darunter leidet. Man sitzt bis halb zehn, zehn irgendwo draußen im Revier. Bis man ins Dorf hereinkommt, ist es halb elf, und essen muß man ja auch noch. Ein kurzer Treff bei Poldi in der »Krone«, schnell eine heiße Wurst und ein Glas Bier, und zuallererst schauen sie dir auf den Hut, ob ein Bruch drauf ist. Aber damit hat sich's schon mit der Geselligkeit. Man kann gerade noch erzählen, daß nicht viel los war draußen, und dann stieben sie schon auseinander wie eine aufgegangene Kette Rebhühner, jeder zu seinem Nest, in sein Haus, in sein Bett. Sogar die Jungen, denen man doch eine gewisse Stand- und Sitzfestigkeit zutrauen sollte. Trotzdem, vor halb zwölf kommt man kaum in die Heia, und in aller Frühe soll man wieder aus den Federn. Um drei lärmt der Wecker auf ekelhafte Art, daß es einen nur so heraushebt. Das alles ist hart, wenn man einmal in die Jahre gekommen ist.
Im Herbst und Winter ist das anders. Da geht die Sonne früh zu Bett und steht spät auf, und die Grünröcke haben mehr Zeit für die Geselligkeit. Der Umsatz der Gastwirte hebt sich. Man hat auch mehr Zeit zum Reden. Seit Jahrzehnten verlernen die Menschen auf der ganzen Welt immer mehr das Miteinander-Reden. Statt dessen schmeißen sie Bomben und versuchen ihre Probleme mit Gewalt und Erpressung zu lösen. Sie sollten sich ein Beispiel an uns Jägern nehmen. Wir streiten zwar hin und wieder auch recht heftig, aber wir reden noch miteinander. »Redet *miteinander*, nicht auseinander oder gar gegeneinander«, rate ich meinen jungen Waidkameraden immer wieder. »Reden ist menschlich und gesund. Über alles läßt sich reden. Und wenn ich einmal hören sollte, daß ihr ernsthaft streitet, dann komme ich und schlage euch die dummen Köpfe aneinander!«
Leere Worte. Als ob ich das könnte mit meinen alt gewordenen Fäustchen. Sie sind alle um die Vierzig, Kerle wie Grizzlybären, kaum einer

unter hundert Kilo. Wie meine Söhne sind sie. Aber sie wissen, wie ich es meine, und das allein ist wichtig.

Also reden wir im Herbst und Winter viel mehr miteinander als im Sommer, wenn uns die Sonne auf den Fersen ist und uns nicht ruhen läßt. Im Herbst und Winter ist es warm in der Stube und gemütlich bei Poldi am Jägerstammtisch in der »Krone«, man darf ungeniert die alten Knochen ausstrecken unter der dicken Tischplatte aus rohem Ahornholz, die noch mit der Wurzelbürste geschrubbt wird, und sogar die Hunde darunter verstehen Spaß und knurren nur leise, wenn man sie mit der Stiefelspitze versehentlich in die Rippen stupst.

Und weil reden so gesund und komplexlösend ist, reden wir neuerdings viel über die geplante Jagdhütte. Über etwas zu reden, was es noch gar nicht gibt, beflügelt Geist und Phantasie. So entsteht eine Jagdhütte – vorläufig freilich nur in Gedanken. Aber Gedanken sind frei. Das kann man schon bei Cicero und Luther nachlesen.

Viel zu frei manchmal. Was da nicht alles überlegt und ausgetüftelt wird! Gutgemeintes und Praktisches, Durchführbares und Illusionen prallen aufeinander. Ja, auch wir Alten haben damals beim Hüttenbauen gut geplant und dennoch viele Fehler gemacht. Mit der Mentalität eines Eichhörnchens haben wir übereifrig Vorschläge und Anregungen wie Nüsse zusammengehamstert, irgendwo im Hinterkopf bewahrt und dann prompt vergessen, als es soweit war, die Hütte zu bauen.

Was nützt das alles. Die ideale Jagdhütte gibt es nicht. Aber alle Jagdhütten sind – jede auf ihre Weise – ideal. Das ist zwar nur ein Wortspiel, aber durchaus kein Widerspruch.

Ich bin weitaus der Älteste in unserer Runde, vielleicht manchmal schon ein wenig verzopft und altmodisch, aber ich könnte unseren Jungen, die da so eifrig denken und planen, schon noch einiges erzählen über Jagdhütten. Über ihren Wert und Unwert, über ihren Gebrauch und Mißbrauch, über herrliche und vergeudete Stunden in ihnen – aber ich halte mich zurück. Letzteres vor allem deshalb, weil jede Generation ihre eigenen Erfahrungen machen muß. Man kann die Jungen nicht ständig unter der gläsernen Käseglocke halten und bewahren. Jede Zeit bringt Neuerungen, und so sollen sie ihre Neuerungen haben und sie ausprobieren und dann selbst entscheiden, was gut daran ist und was nicht. Also bin ich still, wenn es um die Jagdhütte geht, die irgendwann einmal gebaut werden soll und vielleicht auch wird. Ich warte, bis man mich um meine Meinung fragt. Manchmal fragt man.

Wo man sie überhaupt hinstellen soll, darum geht es vor allem. Hinter den Scheunen am Dorfrand ist sie sinnlos und zweckentfremdet. Über das Alter, in dem wir aus purer Abenteuerlust im Obstgarten gezeltet haben und erst um drei Uhr früh mit lahmem Kreuz und von Mücken zerstochen seufzend aufgaben und ins Bett zurückkehrten, über dieses Alter sind wir hinaus. Das tun heute die Kinder meiner Grizzlybären und meine Enkelkinder. Also muß die Hütte vernünftigerweise hinaus ins Revier, und zwar an die richtige Stelle. Aber da kommen schon die ersten Einwände. Meist von den geduldigen Ehefrauen. »Wozu«, fragen sie, »braucht ihr überhaupt eine Jagdhütte draußen? Dies hier ist kein Bergrevier. Ihr müßt nicht drei oder vier Stunden aufsteigen auf steilem Pfad. Bei uns im waldigen Hügelland gibt's keine Edelweiß in grausig steiler Felswand. Fünf Autominuten, und ihr seid nach dem Abendansitz, wo ihr hingehört: Zu Hause, im Bett!«
Da haben sie gar nicht so unrecht, und auch darüber haben wir schon ausführlich verhandelt. (Wohin *wir* gehören und wo *unsere* Edelweiß wachsen.) Aber andererseits: Da gibt es wirklich eine Gegend im südöstlichsten Zipfel des langgestreckten Reviers, die hat es ganz beinhart in sich. Besonders morgens, auf der Frühpirsch, ist ihr nicht beizukommen, da wir an gut 250 oder noch mehr Tagen von den 365 des Jahres den Nordwestwind dort im Genick haben. Man müßte den Zipfel umschlagen können, von der anderen Seite her kommen, aber das geht auch nicht. Dorthin in den finsteren Hexenwald führen nicht einmal einigermaßen fahrbare Rumpelwege, wie sie der heutige Jäger schon gewöhnt ist, sondern nur kümmerliche Steiglein, auf denen man im Winter beim Füttern vielleicht gerade noch mit einem Motorschlitten vorwärtskäme – den unsereiner natürlich nicht hat und daher das Futter auf dem Buckel schleppt.
Ja, dorthin gehört eine Jagdhütte, ihre lieben Ehegespielinnen, mit drangebautem Futterschuppen, das müßt ihr doch einsehen, wenn ihr nur ein bißchen Einsehen haben wollt!
In Gedanken stelle ich sie mir schon vor. Nicht zu groß, im Grundriß müßte sie nicht viel mehr als 3 × 4 Meter haben, man will ja nur zwei Stockbetten aufstellen und die übliche bescheidene Einrichtung, eng, aber gemütlich. Ein Tisch, eine Eckbank, ein Öfchen für den Winter, meinetwegen auch nur mit Flaschengas beheizt, obwohl das nur halb so schön und friedlich ist wie die knisternden Scheiter. Wunderschöne Starklichtlaternen hat die Industrie schon anzubieten für den Fall, daß irgendeinem völlig unromantischen Wicht der trauliche Kerzenschimmer am Ende gar zu wenig wäre für das bißchen Kochen, sprich

Konservenwärmen auf dem Öfchen, oder das Lesen der zerfledderten Jagdzeitschriften. Das wäre schon fast der ganze Luxus. Viel mehr braucht man nicht.
Oder doch: Den Teppich darf man natürlich auf keinen Fall vergessen. Ein billiger, billigster Flickenteppich liegt in fast jeder Jagdhütte, und sei sie auch noch so klein. Das hat einen guten, einen gewichtigen Grund. Die Eingeweihten kennen ihn. Kaum haben sie jammernd den schweren Rucksack in die Ecke geworfen und die Fensterläden aufgestoßen, heben sie auch schon den Flickenteppich hoch und finden darunter versteckt den Deckel in den grobgefügten Dielen und unter dem Deckel den im kühlen Waldboden ausgeschachteten kleinen Keller, einen halben Kubikmeter groß, nicht mehr, eher weniger, denn mehr Platz braucht man nicht für den Kasten Bier und die paar Fläschchen Wein und das Perlenwasser und den sorgsam mit einem sauberen Leinenlappen und raschelndem Pergamentpapier verschnürten, köstlich duftenden Schmalztopf.
Wie herrlich schläft man in einer solchen Jagdhütte, nach getanem Waidwerk, das durchaus nicht immer mit einem Schuß enden muß, nach herzhaftem Zugriff bei Speis' und Trank, nach einem immer müder werdenden Gespräch mit dem Hüttenkumpel, nach dem Ausblasen der Kerze und dem »Gute Nacht!« vom unteren Bett ins obere Bett und zurück. Der Wald duftet herein durchs offene Fenster, vielleicht läßt man gar auch die Tür offen, nachts zieht die Bache vorbei mit ihren Frischlingen und wundert sich, wer denn da noch so grunzt und durch die Nasenlöcher bläst, irgendwo schreckt ein Reh, und dann die ersten Vogelstimmen im Morgengrauen. Jetzt wird's aber Zeit, Mann, raus aus der Mulde, jetzt kommt der Hüttenbock!
Der Hüttenbock! Aber der ist nur eine Erinnerung, keine vorausschauende auf die Hütte, die es noch nicht gibt, sondern eine rückschauende auf eine ganz andere Hütte, die es wirklich gab und die es heute noch gibt, obwohl ich längst nicht mehr dort waidwerke. Sie steht nicht in unserer Gegend, sondern dort, wo wirklich die Edelweiß wachsen, die pelzigen, gröberen im Krautgärtchen drunten beim »Gamswirt«, verpflanzt und domestiziert für den Fremdenverkehr, und die echten, die viel zarteren Sternchen, die aber tatsächlich in der vielbesungenen steilen Höh', und so manches Mal werden leider auch sie für den Fremdenverkehr heruntergeholt.
Ganz droben bei den Edelweiß lag die Hütte ja nun auch wieder nicht, sondern nur so um 1800 Meter Seehöhe, ein Stückchen oberhalb der Alm, die damals noch von der »Roten Steffi« bewirtschaftet wurde,

der resoluten jungen Sennerin mit dem feuerroten Haar, die ganz allein dort hauste – wirklich! – und nicht Tod und Teufel oder gar die Jäger fürchtete, ihr Jungvieh versorgte und nur in Verlegenheit geriet, wenn ein völlig ahnungsloser Halbschuhtourist unbedingt frische Almbutter aufs Brot wollte und Buttermilch. Da gab es eben dann, und zwar gar nicht so billig, frisch von der Folie entkleidete Butter aus der Molkerei, und die Buttermilch war, o Jammer, »leider soeben ausgegangen«.

Sei mir gegrüßt, du roter, immerzu lachender Satan. Gegrüßt durch all die Jahrzehnte zurück. Du hattest ein Herz für uns Jäger und immer ein Schnäpschen – aber sonst war da nichts. Nicht das, was Jägern und Sennerinnen in den Heimatromanen immer nachgesagt wird.

Ober der Alm aber, eine gute halbe Stunde noch zu steigen, lag die Jagdhütte, und bei der Hütte stand in jenem Jahr ein braver Rehbock. Die Hütte hatte es ihm angetan, sie gefiel ihm, und er wich ihr nicht von der Seite.

So dumm war er aber wieder nicht, daß er vor den Fenstern herumspaziert wäre, denn er war ein vielerfahrener älterer Herr. Der andere Herr, der Jagdherr nämlich, hatte schon mehrmals versucht, ihm das Leben zu nehmen, aber es war ihm nicht gelungen. Zwar stets in den Krüppelfichten oder Waldzungen an der Baumgrenze oder auf den Almwiesen gegenwärtig, ließ sich der Bock dennoch nur schwer nachstellen, denn Hochsitz gab es dort droben keinen, man mußte sich alles erpirschen, und erpirsche mal einer so einen Gefinkelten im teils völlig übersichtlichen, teils urwaldähnlichen Gelände in den steil abfallenden Gräben. Der Jagdherr fühlte sich in seiner Ehre geschmälert, und weil er wieder zurück mußte in seine Fabrik, sagte er großzügig zu mir: »Schieß du ihn. Er ist mir zu schlau.«

Na dann! Ich probierte es lange genug. Ich saß bei gutem Wind weit draußen in den Latschen – da kam er im Abenddämmern hinter die Hütte. Ich setzte mich hinter die Hütte – da spazierte er im Morgengrauen durch die Latschen. Ich versuchte es mittags von dem Felsköpfchen aus, wo man einen weiten Ausblick hatte bis hinunter zur »Roten Steffi« und ihrem Jungvieh – und tatsächlich, er zog vertraut zwischen dem Vieh und zwei Wanderern dahin. Elfhundert Meter weit. Er schien Touristen und Jäger unterscheiden zu können, und auch über Schußweiten wußte er einiges. Ich griff zu allen möglichen Tricks, aber außerhalb der Brunft gibt es nicht sehr viele. Ich stellte ihm dort, wo ich ihn *nicht* haben wollte – weil zu weit zum Schießen und das Gelände zu offen –, einen »Toten Mann« auf den Wechsel, eine Vogel-

scheuche. Da kam er überhaupt nicht. Als ich das Gespenst entfernt hatte und nochmals drunten am Waldrand saß, stand er wieder droben bei der Hütte. Ob er Durst hatte und unter dem Flickenteppich nachsehen wollte?
Nun fühlte auch ich mich langsam in meiner Ehre geschmälert, und mein Urlaub ging zu Ende. Am letzten Hüttenabend saß ich vor der Hüttentür auf dem Hüttenbänkchen, die Büchse griffbereit neben mir, zum letzten Pirschgang bereit, und wollte noch in aller Ruhe eine Pfeife rauchen. Damals durfte ich noch diesem schönen Laster frönen, und ich hatte ja noch viel Zeit. Vor der Hütte lag die sanft abfallende Almwiese, aber ein bißchen weiter nach links begann ein weites Latschenfeld, von großen Felsbrocken durchwachsen wie frischer weißer Räucherspeck vom gelegentlich darunter sich schichtenden Mageren. Meine Blicke schweiften über die Berge dahin, deren Gipfel und steingraue Kämme die untergehende Sonne goldrötlich färbte. Gegenüber im Kar, drei Kilometer Luftlinie, standen ein paar Gams, fünf oder sechs, nein, daneben noch drei. Scharwild.
Das Glas an den Augen, sah ich ihnen zu. Und dann spürte ich plötzlich, daß *mir* einer zusah. Irgendwie lief es mir über die Haut. Ich *spüre* es, wenn Rehe in meiner Nähe sind. Ebenso wie die Rehe es manchmal spüren, wenn ich sie im Anblick habe. Es ist eine geheimnisvolle Beziehung unserer Wellenlängen, die mir oft genug den Anblick verdirbt oder gar nicht zustande kommen läßt, wenn sie mich *zuerst* spüren. Da ziehen sie nämlich erst gar nicht aus. Ähnlich wie die Sauen.
Ich ließ langsam das Glas zur Brust sinken, nur ja keine hastige Bewegung, und sah mit freiem Auge den Bock vor mir. Er stand am Rande des Latschenfeldes, kaum hundert Meter weit, und äugte her. Stark und mächtig stand er da, breit, nur das Haupt zu mir her gewendet. Vielleicht, ja wahrscheinlich sah er gar nicht mich, sondern nur seine Lieblingshütte. Aber ich hatte seinen Blick gespürt. Und urplötzlich fiel mir »Der Gunderwidder« ein, jene wunderbare und auch merkwürdige Jagderzählung von Ernest Seton-Thompson, die wie keine andere die seltsame Beziehung zwischen Jäger und Gejagtem schildert.
Der Gunderwidder und der Hüttenbock waren beileibe nicht eins, ähnelten einander auf keine Weise, ebensowenig wie Scotty und ich gleichzusetzen sind, aber die Art, wie der im Wildbret so starke Rehbock nun zu mir herüberäugte, obwohl er mich doch eigentlich im leisen Abendwind haben mußte, ging mir irgendwie ins Gemüt. So stark, so frei, so voll unvernünftigem Mut! Er, der mich eine Woche

lang zum Narren gemacht hatte, war er nun bereit, sein Leben wegzuwerfen?
Die Büchse blieb an die Hüttenwand gelehnt, ich hob langsam das Fernglas wieder an die Augen, ich sah ihm zu, wie er mir zusah, und ich wartete ohne Bedauern, bis er schließlich mit einer ruckartigen, fast ungeduldigen Bewegung umkehrte und wieder in den Latschen und hinter den Felsbrocken untertauchte. Nur Haupt und Krone – nichts Kapitales, nur eben »brav« – blieben noch ein Weilchen sichtbar, dann verschwanden auch sie.
Viele werden mich nicht verstehen, aber das macht nichts, ich verstehe es ja selbst nicht so ganz, es war mir fast zu mystisch, dieses merkwürdige Erlebnis mit dem Hüttenbock, den dann niemand mehr in Anblick bekam, nicht in diesem, auch nicht in den nächsten Jahren. Er blieb verschwunden, und seine zwar nicht aufregende, aber leicht wiederzuerkennende Krone erschien auf keiner Trophäenschau. Auch nicht in den angrenzenden Talschaften. Der Hüttenbock war und blieb verschwunden.
Darum sage ich heute meinen jungen Bären drunten im waldigen Hügelland immer wieder: Baut die Hütte, von der ihr jetzt nur redet und schwärmt. Baut sie hinein ins Revier, an den richtigen, an einen vernünftigen Platz, und ihr werdet Erlebnisse haben, jagdliche und waidkameradschaftliche, gute und weniger gute, heitere und mitunter auch seltsame. Den Gunderwidder aus den Rocky Mountains, den Weltklassewidder mit der hochkapitalen Schnecke werdet ihr freilich nicht in Anblick bekommen, aber ihr werdet diese Beute auch nicht mit schlohweißem Haar und psychischen Dauerfolgen bezahlen müssen wie der arme Scotty droben in den Felswüsten, dem die Jagd und die Gier und die Berge und die unerbittliche Einsamkeit den Geist verwirrten.
Es muß ja auch nicht der Gunderwidder sein, der in dem verlorenen Winkel da hinten im Wald an eurer Hütte vorbeizieht. Zum Erzählen, zum *miteinander*, nicht gegeneinander Reden genügen die beiden Rehkitze, die da steifbeinig spielen, genügt der sonst so vorsichtige Fuchs, den ihr überrascht habt, wie er auf einem Baumstumpf in der Sonne schlief, genügen die braun und gold gewordenen Blätter, die im Herbst langsam taumelnd von den Bäumen fallen, genügt der Reif, der die alten Fichten zu Eispalästen verzaubert und leider auch so manchen Wipfel bricht, den nicht schon der Pesthauch verdorren ließ.
Ja, redet auch über eure Sorgen, über die Jägersorgen und über die alltäglichen. Dazu sind dem Menschen das bißchen Verstand und das

große Mundwerk gegeben. Reden macht leicht und verbindet. Schweigen macht verschlossen und nur allzu oft trotzig. Den Trotz könnt ihr nicht brauchen, meine jungen Bärenstarken. Er führt zu nichts.
Baut also die Hütte, und sei es nur zum freundlichen Gespräch bei Kerzenschein, nach dem Abendansitz. Baut sie, und ihr könnt sie ja auch leicht bauen, denn alles, was man dazu braucht, habt ihr in euren eigenen Reihen: einen Waldbesitzer für das Holz, einen Zimmermann als Vorarbeiter, einen Wirt für den kühlen Wein unter dem Flickenteppich, einen Polizisten, der die Hand hebt und energisch befiehlt: »Schluß jetzt mit dem Richtfest! Benehmt euch und geht nach Hause!«
Und schließlich habt ihr mich, den Alten, der seine überaus gescheiten Ratschläge verteilt zum Hüttenbauen, zum Friedlichsein und Miteinander-Reden.
Noch steht sie nicht, die Jagdhütte im »Unteren Grund«, noch geistert und gluckst sie erst in euren Gedanken wie der trübe, staubige »Federweiße«, der »Sturm« auf seinem Weg vom Most zum klaren Wein. Ich glaube, ich werde die Hütte nicht mehr erleben. Ich werde mich nicht mehr auf das untere Stockbett hinstrecken können, das mir dem Alter gemäß zusteht – ohne Stiefel natürlich, andernfalls »Pfui!« –, um bei offener Tür dem Tsi-Tsi der Meisen in der Nachmittagssonne zu lauschen, und auch mit dem Griff unter den Flickenteppich wird es nichts mehr werden, der mir, in eurer guten Gesellschaft, so sehr gefallen hätte.
Aber wenn sie einmal fertig ist, fertig werden sollte, wenn ihr auf dem Bänkchen davor sitzt und mein Hüttenbock von damals kommt und euch anäugt, dann schießt ihn sauber in Huberti Namen, wenn er gerecht und schußbar ist, ihr müßt ihn nicht schonen so wie ich ihn damals, weil ihr ja auch den Gunderwidder nicht gekannt habt. Und wenn dann, es könnte ja sein, hoch in der Föhre neben der Hütte ein alter Specht mit zausigem Gefieder klopft und euch zusieht und zu euch hinunterkeckert, dann müßt ihr wissen, daß *ich* es bin, in meinem nächsten Leben, und dann könnt ihr aufatmend sagen: »Na also, da ist er ja noch, der Alte mit dem dürren Hals! Und schon wieder redet und predigt er vom Miteinander-Reden, vom Zusammenhalten, von der Eintracht untereinander beim schönen Waidwerk...«

*

Jagdgeschichten – unterhaltsam und informativ

Walter Helemann
Ein Pirschgang durchs Jagdjahr
Leitartikel von Walter Helemann für die BLV Jagdzeitschrift DIE PIRSCH sowie Kalendertexte, gegliedert nach den Monaten des Jagdjahres und illustriert durch viele Fotos.

Walter Frevert
Rominten
Erinnerungen eines Oberforstmeisters an das Jagdgebiet »Rominter Heide« in Ostpreußen: Geschichte, Erlebnisse, Dokumente, Hegeerfolge.

Fritz Laube
Pirschgang mit Pinsel und Palette
Repräsentativer Bildband: Querschnitt durch das künstlerische Schaffen von Fritz Laube – naturalistische Gemälde, Tierskizzen und Naturstudien.

PIRSCH Jagderzählungen
Querschnitt durch die erzählende Jagdliteratur: Schilderungen und Jagdgeschichten aus Deutschland und aller Welt von bekannten Autoren.

Wolfgang Frank
Verklungen Horn und Geläut
Die Chronik des Forstmeisters Franz Mueller-Darß: faszinierendes Epos des Waldes und seiner Tiere, der Hunde, der Jagd und der Menschen in Pommern von 1890 bis 1950

Günter Huth
Heiterkeit auf grünen Seiten
Vergnügliche Lektüre für jeden Jäger: Erzählungen über heitere Begebenheiten rund um die Jagd.

In unserem Verlagsprogramm finden Sie Bücher zu folgenden Sachgebieten:

Garten und Zimmerpflanzen • Natur • Heimtiere • Angeln • Jagd • Reise • Sport und Fitneß • Wandern, Bergsteigen, Alpinismus • Pferde und Reiten • Auto und Motorrad • Gesundheit, Wohlbefinden, Medizin • Essen und Trinken

Wünschen Sie Informationen, so schreiben Sie bitte an:
BLV Verlagsgesellschaft mbH • Postfach 40 03 20 • 80703 München
Telefon 089/12705-0 • Telefax 089/12705-547